国家级职业教育规划教材

全国中等职业技术学校旅游服务与管理专业教材

旅游心理

LÜYOU XINLI

人力资源社会保障部教材办公室 组织编写

董韵捷◎主编

第二版

中国劳动社会保障出版社

简介

本教材主要介绍了旅游心理的基本概念和相关知识，并对旅游者心理、旅游服务心理以及旅游投诉心理进行了细致分析，最后对旅游服务人员心理健康进行了说明。

本教材由董韵捷主编。

图书在版编目(CIP)数据

旅游心理/董韵捷主编. —2版. —北京：中国劳动社会保障出版社，2017
全国中等职业技术学校旅游服务与管理专业教材
ISBN 978-7-5167-2990-8

Ⅰ.①旅… Ⅱ.①董… Ⅲ.①旅游心理学－中等专业学校－教材 Ⅳ.①F590

中国版本图书馆CIP数据核字(2017)第136261号

中国劳动社会保障出版社出版发行
（北京市惠新东街1号 邮政编码：100029）
*
北京市科星印刷有限责任公司印刷装订 新华书店经销

787毫米×1092毫米 16开本 8.75印张 167千字
2017年6月第2版 2024年12月第7次印刷
定价：17.00元

营销中心电话：400-606-6496
出版社网址：http://www.class.com.cn
http://jg.class.com.cn

前 言

近年来，我国旅游业发展迅速，产业规模不断扩大，国家对旅游从业人员的职业素养和知识、技能水平提出了更高的要求。为了适应行业的发展以及职业学校教学的需求，我们对全国中等职业技术学校旅游服务与管理专业教材进行了修订。

在新一轮的教材修订工作中，我们收集了旅游企业对于技能型人才的具体要求以及学校使用教材的反馈意见，组织骨干教师与行业、企业专家进行充分研讨，确定重点做好以下几方面工作：

◆ 更新教材内容　根据旅游业的发展变化，补充有关旅游服务与管理的最新理念，以及在线预订、智能系统等互联网时代出现的新方法、新技术，更新与旅游有关的人文信息，使教材内容更加具有时代感和前瞻性。进一步加大技能训练的比重，在导游实务、旅行社业务等主要技能课教材中，更多地加入实践案例和操作指导，有助于学校开展一体化教学。同时，将职业道德、服务意识、礼仪规范等有机融入到教学内容、课堂问答、课后训练等环节中，以加强对学生职业素质的培养。

◆ 提升教材表现力　通过设置“案例思考”“知识链接”“课堂讨论”等不同栏目，增加教材的亲和力，激发学生的学习兴趣。同时，尽可能多地以图表代替冗长的文字叙述，使教材更加生动直观，易于学习。

◆ 加强立体化资源建设　在修订教材的同时，补充开发配套的电子课件。电子课件可通过职业教育教学资源和数字学习中心（http: //zyjy.class.com.cn）免费下载。

本套教材的编写得到了有关省市人力资源和社会保障部门以及一批中等职业技术学校的大力支持，教材的编审人员做了大量的工作，在此，我们表示衷心的感谢！同时，恳切希望广大读者对教材提出宝贵的意见和建议。

人力资源社会保障部教材办公室

目 录

第一章

chapter 1

旅游心理概述

旅游心理学是心理学的一个重要分支，它研究旅游活动中人们心理和行为发生、发展及其变化的规律，在旅游事业发展中起着十分重要的作用，被旅游业界视为旅游从业人员必需的专业课程。因此，为了更好地完成旅游服务工作，获得更加融洽的人际关系和工作氛围，旅游从业人员需要掌握一定的旅游心理学知识与策略。

学习目标

- 了解心理学与旅游心理学基本知识。
- 认识旅游心理服务的特点。
- 掌握做好旅游心理服务应具备的能力。

第一节　心理学与旅游心理学

引导案例

骆先生是一位经验丰富且颇有威望的“老导游”。一次，骆先生在北京接待德国某旅行社组织的一个旅游团，北京是该团的最后一站。这个团的领队奥先生曾三次旅华，十分“挑剔”，与各旅行分社的导游人员都配合不好，不是发脾气，就是强行代替地方导游人员讲解。同事在长途电话中一再强调，骆先生务必亲自出马，担任这个团的导游。

骆先生与奥先生在机场见面时，也感到奥先生的确比较傲慢。骆先生想：“要搞好这个团的接待工作，与奥先生搞好关系很重要。接待中首先要做到耐心细致、主动热情。”“奥先生，久闻大名，很高兴认识您！”一段热情友好的开场白，使全团的气氛活跃起来。接着，奥先生比较详细地介绍了一路上所遇到的问题。他对骆先生说：“有些城市的导游、翻译，既不了解自己的祖国，也不熟悉自己的家乡。这样的导游、翻译无法使旅游者满意。”通过交谈，骆先生感觉，这位奥先生虽然比较自负，但我们的导游、翻译人员在导游工作中也的确有许多不足。

为了增进中、德两国人民之间的友谊，给旅游团和领队奥先生留下一个良好的印象，骆先生决定：第一，下功夫把故宫导游搞好；第二，主动接近奥先生，尊重他，并适当发挥他的特长。

经过骆先生的认真准备，长达3小时的故宫导游得到了旅游团的称赞，奥先生也对骆先生赞不绝口。

骆先生了解到奥先生对东方历史和佛教史有一定的研究，在去碧云寺和卧佛寺的路上便主动邀请奥先生为全团讲解佛教史。奥先生非常感动，在讲了一段佛教史以后说：“谢谢骆先生给我这个机会！至于碧云寺和卧佛寺的具体情况，请朋友们听骆先生讲吧，我相信，他肯定比我讲得更生动！”骆先生接着奥先生的话说：“我从奥先生的讲解中学到了不少有关佛教的知识，对此深表感谢！”

由于这种默契与配合，在北京期间，奥先生的心情非常愉快，全团也始终处于兴奋状态。后来，奥先生成了骆先生的好朋友，只要德国有旅游团来华，他总要托人向骆先生转达问候。

思考：奥先生对几次旅游不满意的原因是什么？骆先生成功的原因又是什么？上述案例与心理学有什么关系呢？

点评：旅游以“游”为主，是集行、游、住、食、购、娱为一体的综合性社会活动。奥先生的不满，用他自己的话来说，是“有些城市的导游、翻译，既不了解自己的祖国，也不熟悉自己的家乡”，奥先生到底需要的是什么呢？这一切，可以用心理学中的“需要”“动机”“个性”来解释。

骆先生做了些什么而赢得了奥先生的赞赏呢？跟奥先生攀谈了解情况，下功夫做好故宫游览，让奥先生讲解自己对东方文化和佛教史知识的研究心得。最后，全团高兴地离开中国，两人还成了朋友。这正是体现了骆先生能很好地把握奥先生的心理需求，并懂得如何让旅游者的心理需求得到满足，这也正是旅游心理学的重要研究内容。

一、心理学

心理学是研究心理现象及其活动规律的科学。心理现象不同于物理、化学等客观现象，它没有形状、大小、气味，不容易为人所直接认知。但是，心理现象又时刻存在于人们的学习、生活与工作中。

根据对人的心理活动系统的描述，可以把人的心理现象大致分为心理过程与个性心理两大方面：

1．心理过程

心理过程是心理现象的不同形式对现实的动态反映，包括认识过程、情感过程和意志过程。

认识过程是指人认识外界事物的过程，或者说是对作用于人的感觉器官的外界事物进行信息加工的过程。它包括感觉、知觉、记忆、表象、言语、思维、想象和注意等心理现象。

人在认识客观事物的过程中，总会表现出一定的态度，如满意、喜欢、厌恶、愤怒等，这些主观的心理体验，即情感过程。情感过程是一种极其复杂的心理过程，按其内容可以分为道德感、理智感、美感等。

意志是人的思维决策见之于行动的心理过程，它具有两个特征：一是意志活动是有目的、有意识的心理活动；二是意志对人的行为有调节功能。不管从事何种活动，都不是一帆风顺的，在执行的过程中，会碰到各种各样的艰难险阻，需要人们用意志去克服困难，为实现目标而奋斗，即意志过程。

2．个性心理

心理过程是人的心理的共性的一面，但体现在每个人身上时，由于生活环境、教育状况、先天条件等因素的影响，又会出现一定的差异性，即个性差异。个性心理包括个性倾向性和个性心理特征两个方面。个性倾向性是指个人在社会生活过程中逐渐形成的思想倾向，主要指需要、动机、理想、信念、世界观等，它是一个人个性心理结构中最活跃的因素。个性心理特征是指个人稳定的心理特点，包括能力、气质和性格，人与人之间的差别主要体现于此。

人的心理现象的分类如图 1—1 所示。

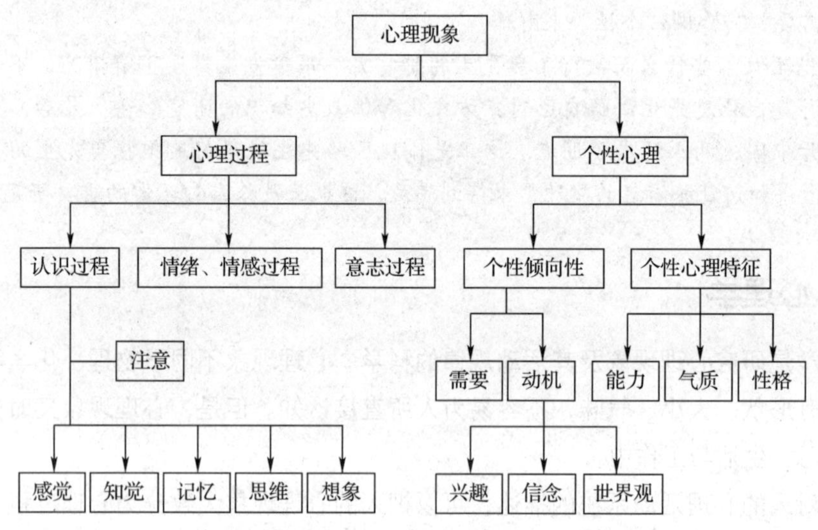

图 1—1　心理现象的分类

心理过程和个性心理是密切相关的。一方面，每个人的心理过程都带有个性的色彩；另一方面，个性心理特征又是通过心理过程表现出来的，离开了各个具体的心理过程，也就看不到个性心理特征了。可以说，它们是同一现象的两个不同方面，是密不可分的。

二、旅游心理学

1．旅游心理学的定义

旅游心理学是研究旅游者和旅游从业人员在旅游活动过程中的心理现象及其规律的科学。

2．旅游心理学的研究对象

（1）旅游企业员工的心理

旅游心理学首先要研究旅游企业员工的心理。旅游业是一个复合性产业，整个旅游服务活动不仅涉及很多部门，也涉及许多服务人员，这些人员都是直接同旅游者打交道的一线员工，是旅游企业形象的代表。旅游者对旅游企业服务质量和服务水平的评判，也是以他们为尺度和参照的。因此，旅游企业员工的心理素质、心理品质都将直接影响其服务理念、服务质量和服务水平。

用心理学的原理分析引导案例中骆先生的成功，可以看到：

首先，骆先生对同行们有关奥先生的评价有一个正确的认识，他通过与奥先生的交流了解到他的不满是因为一些导游人员“既不了解自己的祖国，也不熟悉自己的家乡”，无法满足他渴望更多了解中国的愿望。

其次，骆先生没有受到前几站导游对奥先生不满情绪的影响，在正确认知的基础上，做出了正确的决定，要“给旅游团和领队奥先生留下一个良好的印象”“主动接近奥先生，尊重他，并适当发挥他的特长”。在旅游过程中经常用积极的态度对旅游者进行赞扬、感谢，使奥先生也受到自己积极情绪的感染。

最后，是骆先生意志力的充分表现。前面几站奥先生与每个分站的导游都配合不好，而最后一站的骆先生却知难而上，圆满完成任务，令人不得不为骆先生的意志力所折服。

（2）旅游者的心理

旅游者是旅游活动的主体，是旅游业服务的主要对象，旅游者的心理和行为趋向对旅游活动影响巨大。因此，旅游者心理是旅游心理学研究的中心和重点。

旅游者的旅游活动实际上是一项决策活动，如旅游动机和目的的确立，实现旅游目的的方式、方法及实现目的的计划等，都需要在出游前进行认真的考虑。在旅游过程中，旅游者对所购旅游产品是否满足自己的需要会产生喜、怒、哀、乐等情绪体验，如果购买的旅游产品称心如意，就会感到喜悦、愉快；反之，则会表现出失望、沮丧，甚至愤怒等不良情绪。这些情绪表现在不同的人身上会有不同的反映，它受到气质、性格的影响。

在引导案例中，奥先生的性格确实有一些问题，否则不会与各分社的导游都相处不好，据骆先生对他的观察也认为他的确有些自负。但奥先生的自负并不是凭空而来，他曾三次旅华，对中国是有一些了解的。因此，我们可以想到，奥先生旅游的目的并不仅仅是为了观光，而是希望通过旅游更多地了解中国，感受中华文化的不同魅力，也想借此机会使他的团员和同胞们认可他对中国及中华文化的了解。当这些潜在的旅游动机得不到满足时，他就会表现得挑剔与不易相处。

（3）旅游服务心理

旅游服务心理是旅游心理学的一个重要组成部分，是从心理学的角度研究旅游服务发生与进行过程中，旅游者的心理需求和旅游服务人员对此应采取的服务对策，以及所应具备的服务理念和职业意识。

旅游服务是一种复杂的活动，是人际交往的具体体现和实施，是有形和无形服务行为的综合，同时也是满足旅游者精神需要和物质需要的双重结合，但更主要的是满足旅游者的精神需要，它涉及行、游、住、食、购、娱各个环节，这几个环节是紧密联系的，不管哪个环节出现问题，都会引发不良的连锁反应。因此，要做好旅游服务工作就必须了解旅游者的心理需求，知道旅游者需要什么，喜欢什么，并有针对性地去满足，这是做好旅游服务工作的前提条件。

三、学习旅游心理学的意义

1. 有助于提高旅游服务质量

我国的旅游业起步较晚，但发展异常迅速。一座座现代化酒店、娱乐场所拔地而起，而仅凭先进的硬件设施，是否能充分满足旅游者的需要，使旅游业提供的服务尽善尽美呢？回答是否定的。只有在了解旅游者心理倾向和心理特点的前提下，才能自觉、主动地开展有针对性的服务，满足不同旅游者的心理需求，才能使他们产生积极愉快的心理体验，形成美好而深刻的印象，这样才能创造出最佳的服务质量。

2. 有助于提高旅游企业管理水平

旅游心理学有助于提高旅游企业管理者的管理水平和领导艺术。旅游心理学正是把自觉地推进组织管理模式的发展作为自己的任务，积极地为提高组织内部的管理水平而努力。旅游心理学有助于提高旅游从业人员的心理素质，旅游心理学作为一门专业的科学知识，培养员工良好的道德品质、情感品质、意志品质和各种能力，可以有效地促进企业组织成员之间的集体相容性，这样才能提高旅游企业的凝聚力和工作效率。

3. 有助于合理规划旅游资源的开发与管理

旅游资源的开发和设施的安排主要是以旅游者的需要为前提的，以能否满足旅游者的需要为制定方案的依据。旅游业的一切设施，无论它现代化程度多高，也都必须是在充分考虑旅游者生理和心理特点的前提下，才能论证它的科学性和实用性。

概括地说，研究旅游心理的目的在于：正确地了解自己，培养良好的心理素质，更好地适应旅游工作的要求；掌握旅游者的心理，提高旅游服务质量。

知识链接

旅游心理学常用的研究方法

1. 观察法

观察法是研究者在未经控制的日常生活条件下，直接察看、了解和分析他人的言谈举止等外部表现，以探求其心理活动及其规律的一种的方法。其特点是直接。

2. 自然实验法

自然实验法是在日常生活条件下，研究者有目的地对一些条件加以控制和改变，从而进行研究的一种方法。如在比较自然的条件下结合经常业务来进行。其特点是可控性强。

3. 心理测量法

心理测量法是用量表测量人在某一方面的心理特征的方法。如能力测验、性格测验、人才测评等，都是旅游心理学中常用的心理测量法。其特点是标准化程度高。

4. 调查法

调查法是通过收集被调查者的有关材料，间接了解其心理活动的研究方法。它包括访谈调查法和问卷调查法，其中问卷调查法的应用最为广泛。问卷调查法是通过被调查者根据个人情况填写事先拟定好的表格、问题等形式来研究其心理的一种方法。其特点是高效。访谈法是用口头语言收集被试者心理和行为资料的方法。其特点是互动性强。

总之，旅游心理的研究方法是多种多样的。在进行研究时，不应孤立地采用一种方法，而应根据研究的需要综合采取各种方法，或者以某种方法为主，辅之以其他方法，这样才能获得全面、准确而客观的数据资料，以利于对旅游心理做出一个完整的评定。

课堂讨论

● 作为旅游从业人员，应该如何在实际的工作中运用旅游心理学的研究方法，对比以上方法在实际工作中运用的难易程度，并说出理由。

第二节　旅游服务与旅游心理服务

引导案例

地陪小吴带领旅游团在某景区游玩，游客王太太告诉小吴王先生不知去向。由于景区较大，且有几个出口，小吴当即和全陪商量，从游客中挑选了两位能干的先生与他们分头去找。剩下的游客焦急地等待着，可一直不见他们踪影。景区快要关门时，四个人才匆匆忙忙从不同方向赶回来。小吴抱歉地对大家说："我们找遍了景区，也没有发现王先生。由于时间关系，司机将带各位先回饭店。我去景区派出所报案……"。游客们顿时怨声一片，小吴觉得非常委屈。

思考：地陪小吴提供旅游过程的服务是否有不妥之处？为什么旅游者会怨声一片？

点评：上述案例中，地陪小吴发现游客王先生不知去向，尽心尽责地与全陪一起陪同客人去找，但却让剩下的游客焦急地等待，并且耽误了不少时间，最终还是查找无果，更令剩下等待的游客感到失望与不开心。因此，如果案例中的地陪小吴能够把握好剩下游客的心理需求，做好相应的服务，结果应该会有很大不同。

一、旅游服务

旅游服务是指为旅游者提供旅游信息，为旅游者设计旅游线路，为旅游者安排旅游活动的内容，为旅游者提供导游服务，为旅游者提供安全和救助服务。对于旅游工作者来说，在旅游的过程中不仅需要为旅游者提供帮助，解决各种实际问题，还需要旅游工作者以热情的服务态度和良好的职业素质给旅游者留下美好的经历和良好的体验。

1．旅游服务中的功能服务

旅游服务中的功能服务是指旅游工作者为旅游者安排和解决旅行过程中的食、宿、行、游、购、娱等方面的问题，使他们在旅游的过程中感到安全、方便和舒适。例如，如图 1—2 所示，旅游工作者在旅游过程中提供的交通服务、住宿服务、餐饮服务、导游服务和购物娱乐活动服务，就是在为旅游者提供功能性服务。

2．旅游服务中的心理服务

旅游服务中的心理服务是指旅游工作者通过优质的功能服务使旅游者在旅程中获得轻松愉快的旅游经历，产生心理上的满足。

满足其对交通环节快捷、安全、舒适的心理需求；在住宿、餐饮环节中满足其安全、卫生和舒适的心理需求；在游览活动中，时刻关注旅游者的身体情况；通过导游讲解展现美、传达美，使旅游者享受风景和民俗，产生愉悦美好的感受等，这些都是旅游服务中的心理服务。

旅游工作者要以双重的优质服务使旅游者满意，就要在为旅游者解决实际问题的同时，还要让他们得到心理上的满足。有时即使不能完全按照旅游者的要求解决实际问题，也要在对客服务的过程中让旅游者得到心理上的满足。旅游工作者应在整个对客服务中，通过良好的旅游心理服务，让旅游者感觉到轻松和愉快。

二、旅游心理服务

旅游心理服务不同于旅游功能服务，旅游者不能将心理服务本身购买回去，他们带回去的只是旅游工作者通过服务产生的效果，是服务所产生的生理、心理的作用和感受。

1．旅游心理服务具有感召和逐客功能

感召功能是指良好的服务态度对旅游者所产生的吸引力。逐客功能是指低劣的服务态度给旅游者造成的心理反感和心理恐惧。

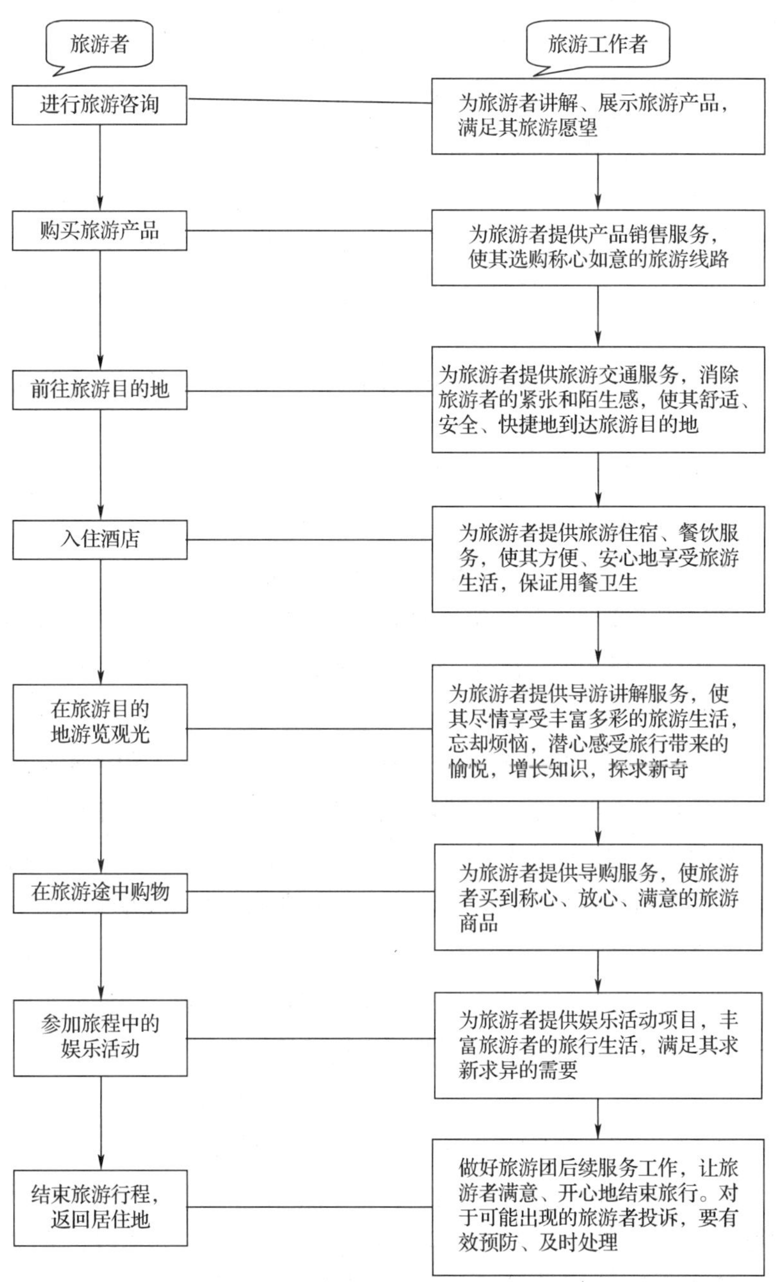

图 1—2 旅游过程与旅游服务

在旅游活动中常见到以下一些情况：如有些旅游者对某些景点非常感兴趣，有些旅游者非常乐意选住某一饭店，有些旅游者特别喜欢接受某一旅行社的服务等。是景点别致、饭店豪华，还是旅行社有强大的接待队伍？究其原因，旅游者大都是被景点、饭店、旅行社服务人员工作热情主动、服务周到、肯为旅游者排忧解难等良好的服务态度所吸引。可见，为旅游者提供优质的心理服务犹如黏合剂，会使旅游者和旅游工作者更加亲密，促使旅游者加快实现由消费动机向消费行为的转化，并吸引旅游者再次惠顾，从而为企业塑造光辉的形象，赢得旅游者好评。在实际旅游活动中，还可以看到另外一种情况：旅游工作者缺乏锻炼、衣着不整、表情木然、举止粗鲁，甚至不能对旅游者一视同仁，服务态度低劣，这使得旅游者心灰意冷、望而却步。

旅游者从走进旅行社开始，向旅行社的门市服务人员咨询旅游问题，第一次和导游接触时肯定会留心四周的环境，会注意旅游工作者的体态、姿势、谈吐、衣着打扮、面部表情等“外部特征”；有时仅仅是对方的一个眼神就可能对旅游者决定是否继续交往产生作用。旅游工作者在为旅游者提供服务的过程中，心理服务会给旅游者留下深刻的第一印象，这往往关系到旅游者对服务人员的评价，从而影响其对整个旅游服务质量的评价。

2．旅游心理服务贯穿整个旅游过程

旅游服务是通过旅行社、交通运输、住宿、餐饮、零售和娱乐等服务环节来实现的，是旅游者花费一定的时间、金钱和精力获得的一段经历，从这个角度来说，旅游服务实际上就是通过旅游工作人员与旅游者的交往，为旅游者构造这段美好经历的过程。旅游心理服务作为旅游服务的一部分，也必然存在于与旅游者交往的过程中，影响着旅游者的感受。

当旅游者刚刚接触到旅行社时，旅行社的门市服务人员需要懂得沟通的技巧，热情地为旅游者提供咨询，细致耐心地解答旅游者提出的问题。踏上旅程后，无论以哪种形式出游的旅游者都会把安全放在第一位，饮食、住宿讲究卫生，小心防扒、防抢、防骗，旅游者希望导游和司机等各方面要协调好，能够保证他们旅途快乐、安全往返。在旅游景区，旅游者希望通过导游的讲解，激发他们先睹为快的强烈兴趣，消除他们对陌生环境的紧张感。在游览的过程中，导游的解说不能胡乱吹嘘，应既有历史事实，又生动有趣；不要带着旅游者一路疾行、走马观花地游览，应时刻关注旅游者情绪的变化，使每个旅游者的情绪都保持积极的状态。在旅游者抵达酒店住宿的过程中，导游和领队要方便快捷地为他们办理入住登记手续和离店手续，酒店服务人员应尽可能帮助旅游者解决问题。在旅游者用餐的过程中，餐厅的服务人员应能够快速地提供服务，而不让旅游者长时间等待；餐厅提供的菜肴应可口、卫生。在旅游的终结阶段，旅游者希望购买旅游地物美价廉的纪念品，导游应给旅游者留有足够的时间，在离开旅游地之前尽量满足旅游者提出的要求。

由此可见，旅游心理服务贯穿于整个旅游过程，旅游工作者的服务需要适应旅游者不断变化的心理需求，为旅游业拓展更大的发展空间。

3．旅游心理服务体现在短暂、细致的工作之中

旅游活动本身是一种短期的空间往返活动，随着交通工具的迅速发展，使得注重高效益的旅游者穿梭往返于各地，形成了旅游服务交往频率高、时间短的活跃局面，旅游服务具有暂时性的特点更加突出。由于逗留时间的减少，旅游工作者与旅游者之间接触的时间短暂，这就要求旅游工作者调节自己的情绪，在对客服务中正确判断旅游者的心情和处境，并随之做出正确的反应。

例如，盛夏酷热难当，导游在带团过程中始终提醒司机在旅游者上车之前就将空调打开为旅游者消暑。在旅游者上车的一瞬间，旅游者就会感觉到我们的交通工具已经成为舒适的休息环境。这种客我交往的过程，可能只有几秒钟，但是旅游者却能够感受到旅游工作者对他们细致入微的关怀。在旅游工作者与旅游者之间这种短暂的交往之中，旅游者常常并不需要前思后想，而是在一瞬间便对服务的好坏做出自己的判断。这样的瞬间在服务工作中称为“真实的瞬间”，这些“真实的瞬间”通常不是旅游功能性服务产生的结果，而是心理服务过程给旅游者带来的感受和体验。

三、做好旅游心理服务应具备的能力

旅游功能性服务的质量会受到旅游企业所具备的各种物质条件的制约。但旅游心理服务主要取决于旅游工作人员是否遵守职业道德，是否具备相应的知识技能水平，是否能够掌握良好的沟通技巧，在对旅游者的服务过程中是否能够正确处理“客我关系”。

1．具有高效率业务操作能力

这种能力是指每一个旅游工作人员在整个旅游过程中能够快速正确完成每一个工作环节，减少旅游者的等待时间，使每一个旅游环节能够快速地进行。

首先，旅游工作人员要详细了解本次旅游活动的全部过程，预先想到每一个环节的细节，设置实施步骤。其次，要了解将会接触的旅游设施，对于每一个使用到的旅游设施要预先结合团队自身情况做出合理安排。再次，提前对旅游者的个人情况进行了解，针对每一位旅游者预先想好沟通的方法。最后，在工作中观察和请教老导游正确的工作方法，细心学习体会，能做到举一反三。

例如，大型旅游团在用餐阶段，旅游工作人员应联系餐厅合理安排用餐时间；在住宿阶段，旅游工作人员应在抵达酒店前根据团队成员的情况合理安排客房，如果要安排相互陌生的团员住在一个房间应先征询彼此的意见，以便到达酒店后能快速合理地安排团队入住；在游览阶段，针对旅游者的好奇心理和自主意识，应时刻将旅游者团结在自己周围，能时刻注意分散自主活动的旅游者，当游览结束时所有旅游者能尽快集合并再次出发。

2．具有全流程的服务意识

全流程的服务意识是指整体旅游服务的质量，旅游过程中每一个服务细节的好坏都会对整体的旅游活动造成影响。旅游心理服务流程是全面、完整的服务流程，即每一个环节的服务工作都是客户的需求，每一环节的服务工作都是为了保证下一个旅游活动的良好进行，最终完成旅游活动的全过程。

增强全流程服务意识要求旅游工作者关注每个服务环节的结果，而不是只关注自己可控的那一部分，一旦连接或是最终结果出了问题，首先要考虑如何解决问题，而不是推卸责任，要意识到整体优先于局部，服务优先于职能。例如，在住宿阶段，如果住宿环境比较吵闹，会影响旅游者的睡眠，旅游者不可能尽兴于之后的旅游活动；对于酒店客房的选择要求安静，能够保证旅游者良好的睡眠，对于老年旅游者更应如此。这就是通过在住宿这一环节的心理服务，来保证整个旅游活动的质量。

3．具有较强的问题处理能力

旅游工作人员在服务过程中难免会遇到各种各样的情况，例如某个旅游环节的突发情况，旅游过程中紧急的事故，这就需要有较强的问题处理能力。

首先，旅游工作者要提前细化安排旅游活动的每一个环节，对于可能出现问题的环节计划好解决的办法，避免问题的发生，只有提前考虑每一个旅游环节的不足之处，并安排好解决的办法才能最大限度减少问题甚至避免问题。其次，在问题出现时要能够控制自己的情绪，做到沉着镇定，有信心把问题处理好，此时旅游工作者就是所有旅游者的“主心骨”，如果旅游工作者自己紧张慌乱，旅游者会更加慌张不安。再次，对于旅游活动中可能会出现的事故要提前做好预案，紧急时刻启动预案处理。

4．具有观察和注意能力

具有敏锐观察和注意能力，不仅能够通过旅游者的言行举止，推测对方的心理活动，准确地判断旅游者的需要和意图，以提供使其心满意足的服务，还可以迅速观察到某些旅游者不良情绪爆发的预兆，及时采取措施，防患于未然。

要提高自身的观察和注意能力，就要善于排除外界干扰。在旅游活动的过程中，旅游工作者会面对很多的干扰，注意力难以集中，但越是嘈杂的环境，越要提高对旅游者的注意，并且还要保持注意力的稳定性，这就要求提高旅游工作者的抗干扰能力。

5．具有礼貌、亲和的沟通能力

旅游服务工作从本质上说是一种“与人打交道”的工作，是通过人际沟通和服务来实现的。旅游心理服务的沟通，不仅仅是将自己所拥有的专业知识及专业能力进行充分的发挥，沟通行为还要符合环境情境和彼此相互关系的标准或期望，达到了预期的目标，或者满足沟通者的需要。这就需要旅游工作者具有善于进行礼貌、亲和的沟通能力。

首先，旅游工作者要具备良好的语言表达能力。在旅游活动中，旅游工作者良好的语言表达能力有助于创造和谐的旅游气氛，促进旅游者消费行为和购买后的满足感。文明礼貌、真挚和善的语言能引起旅游者发自内心的好感；明确、简洁、适当、中肯的语言能增强旅游者的信任感；富于情感、生动形象的语言能激发旅游者的兴趣感；适应对象、灵活变换的语言，能给旅游者以亲切感，使旅游者获得心理上的满足。

其次，作为旅游工作者还需要能够调整好自己的情绪，在服务过程中旅游工作人员的情绪态度会感染周围的旅游者。有人说："有高高兴兴的导游才会有高兴的旅游者。"即使已经调整好自己的情绪，也还要注意始终保持这种良好的情绪状态，一旦发现自己的"情绪"偏离良好的状态，就要及时加以调整。

知识链接

旅游从业人员保持积极情绪的有效方法

1. 自我鼓励法。也就是用生活中的哲理或某些明智的思想来安慰自己，鼓励自己同痛苦和逆境进行斗争。自我鼓励是人们精神活动的动力源泉之一，一个人在痛苦、打击和逆境面前，只要能够有效地进行自我鼓励，他就会感到力量，就能在痛苦中振作起来。

2. 语言暗示法。当你为不良情结所压抑的时候，可以通过言语暗示作用，来调整和放松心理上的紧张状态，使不良情绪得到缓解。比如，你在发怒时，可以用言语暗示自己"不要发怒""发怒会把事情办坏的"。陷入忧愁时，提醒自己"忧愁没有用，于事无益，还是面对现实，想想办法吧。"等。在松弛平静、排除杂念、专心致志的情况下，进行这种自我暗示，对情绪的好转将大有益处。

3. 请人引导法。有时候，不良情绪光靠自己独自调节还不够，还需借助于别人的疏导。心理学研究认为，人的心理处于压抑的时候，应当允许有节制地发泄，把闷在心里的一些苦恼倾泻出来。因此，当在工作中有了苦闷的时候，可以主动找亲人、朋友、同事诉说内心的忧愁，以摆脱不良情绪的控制。

4. 环境调节法。环境对人的情绪、情感同样起着重要的影响和制约作用。素雅整洁的房间，光线明亮、颜色柔和的环境，使人产生恬静、舒畅的心情。相反，阴暗、狭窄、肮脏的环境，给人带来憋气和不快的情绪。

课堂讨论

作为一名旅游从业人员，如何克服工作中的不良情绪，培养做好旅游心理服务的能力？

思考与练习

1．什么是心理学？什么是旅游心理学？

2. 旅游心理学研究的对象有哪些？

3. 学习旅游心理学的意义是什么？

4. 旅游心理服务的特点是什么？

5. 做好旅游心理服务应具备哪些能力？

第二章

旅游者心理

chapter 2

旅游者是旅游活动的主体，旅游心理学研究的主要内容是旅游者的心理活动与行为规律。旅游者心理与行为是指旅游者受一系列心理活动支配，为实现预定旅游活动目标而做出的各种反应、动作、活动和行动。这些反应活动包括旅游知觉、旅游动机、旅游态度、旅游学习、旅游活动中的情绪情感、旅游者人格等。旅游心理是旅游者根据自身需要与偏好，选择和评价消费对象的心理活动，它支配着旅游者的旅游行为，并通过旅游行为加以外现。因此，作为旅游从业人员，需要了解旅游者以及把握旅游者的心理，从而提供优质的服务。

学习目标

- 了解旅游者的旅游动机与类型。
- 掌握旅游者个性的类型及构成。
- 掌握影响旅游者态度的因素及改变旅游者态度的策略。
- 熟悉旅游者情绪与情感的分类以及其对旅游者的影响。

第一节 旅游动机

引导案例

“十一”假期之际，有甲、乙、丙、丁四人决定外出旅游。其中，甲决定到一个环境优美的乡村去亲近大自然，体验田园生活；乙决定到沙漠探险，挑战自我极限；丙决定到邻近的城市探访自己的亲朋好友，联络一下感情；丁决定到城市周边的景点悠然地待上几天，放松身心。

思考：人们为什么会产生旅游行为，而且是纷繁复杂、各式各样的旅游行为？是什么原因导致人们的旅游行为出现差异，尤其是“旅游目的地选择行为”的差异？

点评：上述案例中，甲、乙、丙、丁四位旅游者都决定选择各自喜欢的旅游目的地，由于四个人的旅游动机不同，出现的选择结果也会很不一样，因此作为旅游从业者，需要了解旅游者的动机，掌握旅游者动机的类型和特点。

一、旅游动机的概念

1．动机

动机就是激励人们行动的主观因素。

人们从事各种活动都是由一定的动机驱动的。动机的基础是需要，当人的某种需要不能被满足时，就会产生紧张或不安的心理反应，这种反应会驱动人们去行动，并把行动引向一定的目标。如人们口渴时会奔向水源；饥饿时会去寻找食物；痛苦时会找人倾诉；在一个地方待久了就想到其他地方看看等。受需要的驱动，人们针对一定的目标就会产生动机，而动机引发行为。需要、动机和行为的关系如图 2—1 所示。

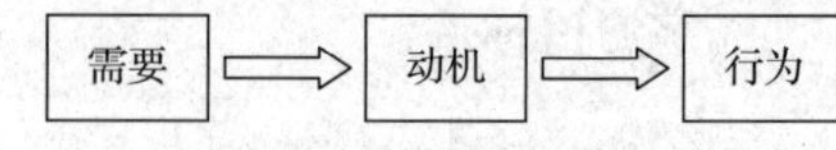

图 2—1 需要、动机和行为的关系

2．旅游动机

旅游动机是一个人外出旅游的主观条件，包括旅游者身体、文化、社会交往、地位和声望等方面的动机。旅游动机是推动人进行旅游活动，并使人处于积极状态以达到一定目标的动力，是个体发动和维持其旅游行动的一种能动心理现象。人们要旅游的动机对人们的旅游行为具有明显的发动、维持、强化和调节作用。因此可以说，旅游业发展、旅游活动展开的来自于消费者的直接动因就是人们的旅游动机。

心理学家亚伯拉罕·马斯洛认为，人的需要大体可分为五个层次，见表 2—1。

表 2—1　　马斯洛的五个需要层次理论

<table>
<tr><td rowspan="5">

马斯洛（Maslow）的五个需要层次理论</td><td>自我实现的需要：自我实现、最大限度地发挥个人潜能</td></tr>
<tr><td>自我意志需要：自尊、地位、成就等</td></tr>
<tr><td>社交需要：包括家庭、朋友等的情感联系，集体荣誉感等</td></tr>
<tr><td>安全需要：治安、秩序和寻求保护</td></tr>
<tr><td>生理需要：食物、饮水、空气等</td></tr>
</table>

马斯洛认为，人的需要是由低层次向高层次方向发展的，只有一个人的低级需要得到满足后，高一级的需要才会成为人的行为推动力。低级需要可以通过外部条件得到满足。高级需要则从内部使人得到满足，而且越是得到满足，就越有激励作用。马斯洛的人类需要层次理论源于实际观察，为旅游动机的研究提供了基础。

当一个人因衣食不足而奔忙，或为安全问题而恐慌时，他是不会产生旅游需要的。人们外出旅游，满足的需要多半是较高层次的，属于精神需要。这种精神需要主要有以下几种：感受和体验日常生活以外的活动，对新、奇、特事物的探索，满足好奇心的需要；脱离紧张的工作或生活环境的羁绊，逃避紧张现实的需要；让周围的人羡慕自己进行了一个高尚的生活活动，或到达一个常人很难以到达的地方或征服一个别人难以征服的艰险，从而获得一种受到尊重、取得成就、表现自己、自我实现的感受。所以，人们旅游动机的产生主要与马斯洛需要层次论中的第三、第四、第五层需求相关联。

二、旅游动机的特点

1．旅游动机的对象性

旅游动机总是指向某种具体的旅游目标，即人们期望通过旅游行为所获得的结果。例如，长期工作的紧张感就会使人产生去室外轻松活动一下或外出旅游的动机，寒冷的冬季会使人产生去温暖的南方旅游的动机，而炎热的酷暑又会使人产生去避暑胜地旅游的动机等。旅游动机表现出了人们对于某一事物或某一活动的指向。旅游动机一旦实现，总能给人们带来生理或心理上的满足。

2．旅游动机的选择性

人们已经形成的旅游动机，决定着他们的行动以及对旅游内容的选择。由于旅游者在国籍、民族、职业、文化水平、性格、年龄、兴趣爱好、生活习惯和收入水平等方面存在差异，他们对旅游活动的内容有很大的选择性。例如，在黄金旅游周期间，有的旅游者选择江南古镇水乡游，有的旅游者选择巴黎假日七日浪漫游，有的旅游者选择各地的“红色旅游”线路。在旅游方式上，有的旅游者选择参加旅行社组织的团队旅游，有的旅游者选择自驾车旅游等。此外，已经实现旅游动机的经验使得人们能够对旅游行为的内容进行分析和选择，哪些旅游行为要先行实现，哪些旅游行为可以留待将来实现，哪些旅游行为较容易实现，哪些旅游行为一时难以实现等。

3．旅游动机的相关性

旅游活动是一项综合性的社会文化经济活动，旅游者的旅游动机往往不是单一的，不同的旅游动机之间存在着相互关联，形成复杂的旅游动机体系。旅游动机体系中的各个动机具有不同的强度，在强度上占有优势的旅游动机往往主导着旅游行为的主要目标，其他旅游动机则为辅助动机。比如，旅游者在游山玩水的同时，又想顺便探望一下老朋友；在外出经商考察的同时，又想观光一下当地的人文景观等。

4．旅游动机的起伏性

人们的旅游行为是一个无止境的活动过程，因而旅游动机一般不会立即消失，它作为一种实际上起作用的力量常常会时断时续、时隐时现，表现出一定的起伏性。旅游者的旅游动机得到满足后，在一定时间内暂时不会再产生，但随着时间的推移或另一个节假日的来临，又会重新产生旅游动机，呈现起伏性。旅游动机的起伏性主要是由旅游者的生理和心理需要引起，并受到旅游环境的发展进程和社会时尚的变化节奏的影响。

5．旅游动机的发展性

当一种旅游动机实现后，会在此基础上产生新的旅游动机，成为支配人们旅游行动新的目标和动力，这是旅游动机发展变化的规律。随着我国社会主义经济的持续发展和物质文化生活水平的不断提高，旅游者对旅游对象和服务的要求也在不断地发展，这不仅体现在标准的不断提高上，而且更体现在种类的日益复杂多样上。从 1949 年至今 60 多年来我国旅游业的发展轨迹看，60 年前人们一般仅能维持生存，旅游只是梦想而已。近年来，人们不但可以走出家门游览名山大川，更能跨出国门看看外面的世界，并且现在出门旅游除了要求能游山玩水之外，还要求游玩得有特色、有品位，要求身心都有所收获。不少旅行社为了满足旅游者的要求，已经从单纯的几十条国内旅游热线，拓展到数十条出国旅游线路、几百条国内旅游线路，同时，城市观光游、生态游、健身游、探险游等专项旅游也纷纷出台，让旅游者各取所需。因此，旅游业作为文化性特征很强的经济产业，其旅游资源的不断开发，旅游接待设施的不断完善配套，旅游产品的不断更新，都是旅游者需要不断发展的结果，同时也使旅游动机具有发展性。

三、旅游动机的类型

根据人们参加旅游活动的根本原因和人们选择具体旅游地点、旅游方式、旅游服务的不同，可将旅游者的旅游动机归纳为以下五种类型。

1．身心方面的动机

身心方面的动机是指为了达到松弛身心或寻求精神上的乐趣的目的而产生的动机。长期的紧张工作、城市环境的喧嚣、繁杂的家务等不仅会造成身体的疲劳，也会使人精神高度紧张、疲惫，心理上易产生压抑感，长期下去，将损害人们的身心健康，妨碍日常的正常工作。为了解除身体的疲劳、精神的疲惫和心理的压力，人们需要暂时离开工作环境和家庭环境，摆脱俗务，于是便产生了旅游动机。由于身心方面的动机而去旅游的，国际上又称为娱乐性或消遣性旅行。

知识链接

温泉鱼疗：小鱼儿给你当医生

如图2—2所示，当将脚探入温泉池后，脚的周围会聚集数百条小鱼，这些小鱼附在皮肤上，就像被磁铁吸附的铁粉一样。之后，皮肤会感觉到一阵酥痒……如果是第一次体验，一般还会忍不住笑出声来。这就是时下流行的“温泉鱼疗”保健方式，而这种保健方式也被戏称为“小鱼SPA”。

图2—2 “温泉鱼疗”保健

据了解，温泉鱼疗原本起源于土耳其的坎达尔，这种乐于在人身上亲亲啃啃的小鱼儿的祖先就生活在35～43℃的天然温泉池中，因为乐于啄食人们身上的死皮及按摩皮肤，加快毛孔畅通，使皮肤易于吸收温泉水中的多种矿物质，该小鱼又有“医生鱼”的称号。由于“医生鱼”对水质、温度、养殖技术等要求极高，所以不是所有的温泉水都适合它的生存，而且“医生鱼”的成本极高，1平方米左右的池子可放养约300条鱼，每条鱼的售价为20多元。如今“医生鱼”经过人工大量培育，“鱼疗”已风靡世界的许多国家。2006年开始，温泉鱼疗这个项目由海南省的一些度假中心率先从土耳其引入，之后全国有温泉地带的城市纷纷效仿。这种新奇的温泉保健方式一经推广就得到众多旅游者的青睐。

2．文化方面的动机

文化方面的动机是指为了满足人们认识和了解异国他乡的风情、开阔视野、丰富知识而产生的动机。旅游者的旅游活动是为了参观各种名胜古迹及各种各样的博物馆，欣赏名山大川，了解异国他乡的政治、经济、工业、农业、文化、教育、历史、艺术（绘画、雕刻、书法、音乐与舞蹈等）、宗教状况以及风土人情和生活习俗等。这是人们的求知欲和追新猎奇心理的表现，这类旅游又叫教育性旅游。

如旅游者到桂林游览驰名中外的山水，到北京登长城、访故宫，到井冈山重温那一段壮怀激烈的历史，到苏杭去体验精致的园林文化，到拉萨朝拜神秘的佛教圣地布达拉宫，到云南、新疆欣赏绚丽的少数民族风情和美丽的风光等，都是出于文化方面的旅游动机。

知识链接

“世界文化遗产”丽江古城，是近年来最热门的旅游景点之一。其境内山河交错、峰谷奇秀、地形复杂，造就了多处著名的旅游景观，近千年的历史和朴雅的建筑无不在诉说着它迷人的魅力。居住在当地的是纳西族人，由纳西古乐、象形文字、东巴经等元素构成的古老东巴文化引起了世人的兴趣和关注。东巴文化是一种宗教文化，同时也是一种民俗活动。纳西族人的祭司叫“东巴”，意为智者。一个世纪以来，先后有法国、英国、美国、俄罗斯、德国、挪威、意大利、加拿大、日本、瑞士、波兰等国家的学者，前来收集、调查、研究纳西族东巴文化。20世纪80年代以后，国内也涌现出一大批青年学者致力于研究纳西东巴文化。随着研究成果的逐年递增，一个国际性的纳西东巴文化学正在形成。

3．人际交往方面的动机

人际交往方面的动机又叫交际动机，是人们为了建立或保持某些人际关系，或摆脱某些人事环境而产生的一种外出旅游动机。如探亲访友、旧地重游、开展社交活动、宗教朝圣等。据调查，美国人出境探亲访友的比例占旅游总数的20%，平均停留天数长达18天。现在国外还时兴所谓的“寻根”旅游，如美国人到欧洲、非洲等地旅行，寻觅祖先的足迹，寻找自己的“根”。

知识链接

中国有几千万华人华侨分布于世界各地，其中以东南亚地区较为集中。在我国发展东南亚华人华侨寻根旅游不仅大有可为，而且意义深远。

为了寻找近700年前的祖先，韩国瑞山郑氏的后代历经艰辛，苦苦寻找了10多年，最后终于在浙江省浦江找到了他们的根。2006年，在金华浦江县郑宅镇——被称为江南第一家的郑氏祠堂里，一位头发花白的韩国老人仔细端详着这里的一草一木，一桌一椅，心情格外激动。他兴奋地说："终于回到老家了！我来看爷爷了！"此时，一旁的村民都笑了。和这位老人一起来的韩国人有111人，都姓郑，来自韩国瑞山市。在隔断了682年后，韩国瑞山郑氏大宗会的后代在浦江找到了根。此次来浦江的韩国百人寻根团中，年纪最大的80岁，最小的仅11岁。该韩国寻亲团还表示今后每年都会组团过来，这将对当地旅游业的发展、招商引资等工作起到很大的促进作用。上述案例中庞大的韩国寻根团一行，也是属于人际交往方面的动机。有的人特别是年轻人，则是希望在旅游的过程中寻找、结交新的朋友。

4. 名誉和声望方面的动机

名誉和声望方面的动机是指人们为满足个人成就和个人发展的需要而产生的动机。旅游者希望通过旅游得到别人的承认和赏识、获得良好的声誉、实现自身的价值等。属于这类动机的有：参加高层次的学术会议、高级别的考察旅行、增加阅历的修学旅行、追求业余爱好的聚会，完成常人不能做到的艰险跋涉、攀登、驾驶等，通过这些旅游可以引人注意，赢得名誉，得到某种承认。如现代户外探险旅行，其冒险历程是扣人心弦的，而且常常富于浪漫色彩，越是遥远、艰苦的地方，如果探险成功，越会赢得人们的赞誉。

知识链接

暴走运动

暴走运动是一种高强度但简单易行的户外运动方式，指的是选定一条路线，徒步或驾车行走，时间由一日到数日不等。这种户外运动方式源于美国，风靡欧美，流行于亚欧等地，是一种新的时尚运动。

暴走运动是极限运动的一种，它挑战着人们的心理素质和身体素质，但它不像登山、跳伞等极限运动那样需要投入较大的经济代价去购买设备，而只需要一双好鞋、一瓶水，外加几块面包就可以了。暴走又有远足旅行的含义，但也不同于普通的旅行，它的参与者往往被称为"驴行族""机车野营族"，他们都是有明确的旅行探险方向及丰富的旅行探险知识，并用自己的双腿或自行车、摩托车、越野车等交通工具亲身实现旅行探险的人。他们所去的地方一般交通都不发达，均处于待开发或者半开发状态，风景很有特色，对人的体质、意志和知识储备都有相当的考验。

暴走运动的风行，不仅是人们追求跨越心理障碍时所获得的愉悦感、成就感的勇敢精神的体现，更体现了人类返璞归真、回归自然、保护环境的美好愿望。暴走运动已不仅仅是一项户外运动，它所涵盖的文化已影响并成为今天年轻一代人的生活理念：追求自由的空间、探索未知的世界、实现自我的价值。

5．经济业务方面的动机

经济业务方面的动机是人们为达到一定的经济业务目的而产生的旅游动机，包括贸易、经商、交流、购物等。如在我国每年举办的广交会和各地举办的交易会期间，来洽谈贸易的大批客商就是出于经济方面的动机。又如，到被称为“购物天堂”的香港旅游的旅游者中，有很大一部分人是为了去那里购买价廉物美的商品。据香港有关方面的统计，近年旅游者在香港购物的花费约占旅游开支的57%左右。

由于人的旅游是一种综合性的活动，因此，人们外出旅游时往往是多种动机共同作用的结果。只是有时某一动机为主导动机，其他为辅助动机；而有时则是有的动机被意识到了，而有的动机未被意识到而已。如每年秋季在南宁举行的中国—东盟博览会、中国—东盟商务与投资峰会，与会者除了商讨政治、商务问题外，会后还会参观游览桂林、北海、钦州等地，他们的旅游动机既包含经济业务方面，又包含文化方面。

四、旅游动机的激发

1．影响旅游动机产生的因素

动机的产生以人的需求为基础，同时还具备一定的诱因。诱因是指能激发人们的定向行为并能满足某种需求的外部客观条件和刺激物。旅游动机的产生是受主观因素和客观因素两方面影响的。

（1）主观因素

影响旅游动机产生的主观因素是人们对旅游的愿望。没有旅游的主观愿望，即使客观条件再充分，也不会产生旅游动机。影响人们旅游愿望产生的主观因素主要有以下几个方面：

1）安全因素。常言道：“在家千日好，出门半日难。”外出旅游多少会有些风险，人们会担心是否会遇到交通事故、自然灾害，人身财产安全是否有保障，时间、金钱是否花费太多，所去之处是否如意，会不会太累等。

安全是人们在外出旅行时首先考虑的问题。在安全没有保障的情况下，再吸引人的景区也不会使人产生旅游动机。如图 2—3 所示，2003 年席卷我国部分地区的非典疫情使我国的旅游业受到重创，旅游者人数跌入低谷。

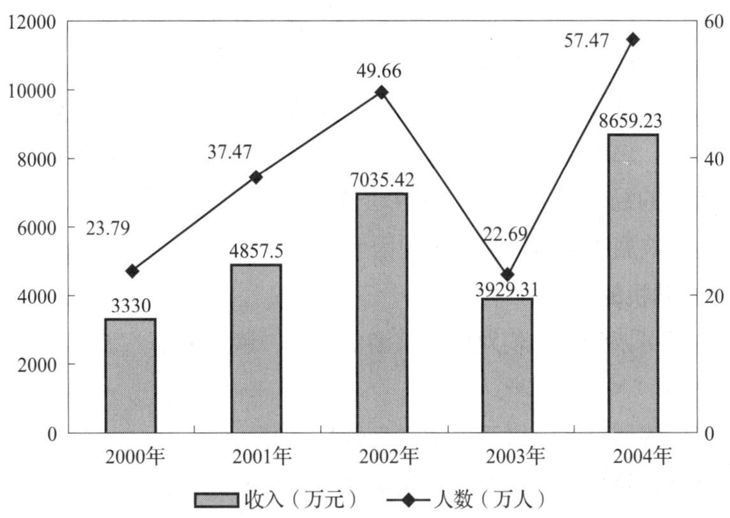

图 2　3　2000—2004 年“五一”“十一”黄金周接待国内旅游者收入、人数变化图

2）个性因素。有无旅游愿望还跟人的个性有关，性格过于内向、胆怯，追求安稳舒适的生活，以及过于谨慎保守、恋家的人都不愿意远行；思维狭窄、阅历不足的人也难产生外出旅游的愿望。

3）身体年龄因素。年老体弱、疾病缠身的人不能远行，也就不容易产生外出旅游的愿望；而年富力强、身体健康的人则易产生旅游动机。

（2）客观因素

1）旅游地的环境因素。旅游地的环境因素包括旅游地本身的吸引力、旅游地的交通和接待情况。旅游地的知名度越大，对旅游者的吸引力就越大。如九寨沟景区尽管地处偏僻，交通也不是很便利，但它以“人间仙境”“童话世界”的巨大知名度吸引着大批中外旅游者。由于现代化交通工具的推广应用，距离因素对旅游动机的影响已经逐步降低。目前，许多旅游者都选择乘坐飞机旅游，不但舒适而且可以节省大量时间，所以，旅游地的交通便利程度逐步成为影响旅游者旅游动机的客观因素。另外，旅游地的开发配套情况，旅游接待力的大小也直接影响旅游动机的萌发。

2）旅游者的闲暇时间。现在，很多发达国家人们的周平均工作时间都已缩短，如北美和西欧，每周的工作时间已缩减到 40 甚至 35 小时，每年的连续假期有一个半月到两个月，人们有较多可供自己支配的时间。过去，我国实行的是法定假日（即黄金周）和双休日相结合的休假制度，虽然也为人们提供了不少闲暇时间，但还有诸多不足。2008 年起，我国开始执行法定假日和带薪休假制度，并将我国的传统节日如清明节、端午节、中秋节也列入法定假日。相信这些政策的实施将会给人们外出旅游创造更多的时间条件。

3）旅游者的可自由支配收入。我国实行改革开放政策后，经济增长，人民生活水平普遍提高，可自由支配收入较多者便产生了参加各种旅游活动的动机，渴望游览祖国的大好河山，欣赏壮丽的万里长城，登上泰山、黄山、庐山……随着家庭收入的逐渐增加，人们旅游的目的地逐渐从国内转向国外，东南亚、欧洲、澳洲各国成了近年来的出境旅游热线。但是，由于国内就业市场竞争激烈，一些刚刚从学校毕业的学生和城镇贫困家庭，还有较大的经济压力，产生旅游动机的人相对较少。可见，旅游者可自由支配收入的多少也是影响旅游动机产生的客观因素。

2．激发旅游动机的措施

激发旅游动机可以消除人们对外出旅游的顾虑，唤起人们旅游的愿望，从而达到促成旅游活动的目的。

（1）积极开发旅游资源，增强旅游产品的吸引力

人们外出旅游的目的之一就是要游览名川大山、领略田园风光、了解风土人情、走访名胜古迹等。只有当旅游产品具有能满足旅游者的某一需要时才会使需要转化成旅游动机。“泰山天下雄，黄山天下奇”，人们常以雄伟、奇特、险峻、秀丽、幽深等词汇来形容大自然的魅力，风景秀丽使人向往。我国地大物博、历史悠久、民族众多，是一个旅游资源十分丰富的国家。积极开发旅游资源，突出旅游产品自身的特色，才能吸引更多的旅游者。

（2）合理规划建设，提高旅游设备设施的接待能力

旅游地设备设施的质量与数量也是影响人们的旅游需要能否转化为旅游动机的重要因素。合理建设、规划旅游地设备设施，首先要保证一定的数量，其次要做到种类齐全。人们外出旅游，都希望得到最优质的服务，如果旅游设施数量有限，产品即使有相当大的吸引力，假如进不去，住不下，玩不开，走不动，也会让旅游者失望；如果旅游设施种类单一，就不能满足不同层次、不同水平、不同类型旅游者的需要，也就起不到对旅游动机的激励作用。

（3）加大旅游宣传的力度，强化人们对旅游地的感知力

旅游宣传为旅游者提供信息，帮助他们认识旅游的价值，使他们消除顾虑，唤起欲望，激发动机。再优秀的旅游产品如果未经宣传，不为人所知，也就无法成为人们的旅游目的地，它们的价值也就不能实现。

知识链接

2000 年，在网络等资讯不太普及的年代，一份对日本来华旅游市场的抽样调查报告的结果显示，其中 33.9%的旅游者是通过阅读各种有关旅游的小册子获得旅游信息的，11.6%的旅游者是通过大众传媒获得旅游信息的，1.8%的旅游者的旅游决策是旅行社推荐的结果，30.4%的旅游者的旅游决策是亲友推荐或邀请的结果，0.9%则是因为定期旅行的原因，15.2%是其他原因，6.3%的旅游者未作回答。由此可见，旅游宣传能有效地激发旅游动机，诱导旅游决策。

（4）提高服务质量，加强旅游企业的组织接待能力

旅游者外出旅游的主要目的之一是放松身心，这就需要旅游企业采取有效的措施让旅游者在旅游过程中感到舒适、便捷。首先是提高服务质量，优质的服务能使新旅游者源源不断、老旅游者再三光顾。其次是加强组织接待能力，拥有一定数量的组织接待队伍，如旅行社、饭店、交通运输、相关从业人员等，而且接待队伍要有熟练的业务知识和技能，在旅游过程中，无论何时何地都要有单位或相关人员安排他们的行、游、住、食、购等活动。三是广泛利用信息技术和电子商务的功能，增强预定路线、机票、酒店的计划性、自主性，从而使旅游者的出行更加便捷、舒适。

知识链接

旅游动机因人的愿望、兴趣、理想、文化层次等不同而不同，美国学者约翰·托马斯提出了 18 种旅游动机（见表 2—2）。

表 2—2　　约翰·托马斯提出的 18 种旅游动机

序号	动机	序号	动机
1	了解异国他乡人民的生活状态	10	避寒、避暑
2	浏览风景名胜	11	有益健康
3	了解新鲜事物	12	参加体育活动
4	参加一些特殊活动	13	参加冒险
5	摆脱例行公务	14	取得某些高人一等的本事
6	过一下轻松愉快的生活	15	追求适应性
7	体验某种浪漫生活	16	考察历史
8	访问自己的出生地	17	社会动机（了解世界）
9	到亲属或朋友曾经去过的地方	18	经济因素

课堂讨论

● 根据上述提及的不同出游动机，作为旅游从业人员，是否应该根据旅游者不同的出游动机提供差异化服务？应该如何做好激发旅游者不同动机的工作？

● 赞美大自然活动

目的：培养积极的人生态度，热爱大自然，热爱生命。

操作：用美好的辞藻赞美不同的自然景物。

时间：20 分钟。

要求：自然景物不能重复，如山川、河流、沙漠、森林、草原、天空、田野、动物、植物……

第二节　旅游者个性

引导案例

彼得、杰克、保罗、瓦魁是四个歌剧迷，这一天晚上，著名的达丝尼歌剧团来到塔什剧院演出。由于路上塞车，等四个人兴冲冲赶到歌剧院门口时，歌剧在 10 分钟前就已开演了。为了保证演出不受干扰，剧院规定，开演 10 分钟后，停止检票，这就意味着他们只能等 2 个小时后开演的下一场。这时，激动不已的彼得早就没有耐心向检票员求情了，他向检票员怒吼：“我有票为什么不让我进，规矩是人制定的，为什么偏偏是 10 分钟，而不是 11 分钟？再说是因为塞车我们才迟到的。你认为塞车是我们的过错吗？那是市政交通问题，我们是受害者，你得让我进去？”一边说一边推撞着检票员，越说越激动，越推越用力。这时，一直在一旁寻找机会的瓦魁趁彼得推撞检票员的瞬间，偷偷从检票员上举的右臂下钻了进去，边走还边回头做鬼脸。在这期间，保罗干脆走进了剧院旁的一个小酒吧，一边品尝着威士忌，一边等待下一场演出的开始。而杰克，一刻不停地抱怨自己，我怎么这么倒霉，昨天不小心摔坏了一只珍贵的花瓶，今天看演出又迟到了，要是我早点来，现在不就看成了。唉，我这人怎么这么蠢！

思考：为什么彼得、杰克、保罗、瓦魁这四个歌剧迷在同一件事上会有如此不同的反应？

点评：根据上述案例，彼得、杰克、保罗、瓦尅这四个歌剧迷很明显属于不同的个性特点，彼得的表现应该体现他急躁易怒的个性，瓦尅偏向于聪明取巧的个性，而保罗偏向于随意而安的个性，杰克偏向于多愁善感的个性。如何根据人们的表现来了解个性特点与类型？如何针对人性的特点来提供高质的旅游服务？

一、旅游者个性和群体性

旅游者是旅游产业链上为其提供服务对象的个体，由于多种因素的影响，每一个旅游个体之间都会存在一定的个性差异。

1. 个性的定义

个性是一个人的先天素质基础上，在一定的历史条件下和社会实践中，形成和发展起来的比较稳定的心理特征的综合。旅游者的个性会随着他们的出游动机不同而不同。旅游者的个性差异会直接影响旅游动机产生的过程。

2. 影响旅游者个性形成的因素

旅游者个性的形成受很多因素的影响。研究结果表明，有些个性特征几乎纯粹是先天的，另一些个性特征又几乎是后天的，但大多数个性特征是在先天和后天这两种因素共同影响下形成的，而且主要是在后天的社会环境影响中形成的。

（1）先天遗传因素与个性

旅游者是一个自然人，人的个性是在其成长过程中逐渐形成的。然而，刚生下来的婴儿心理并不是一张白纸，而是已具有一些先天的遗传心理特征。根据对初生婴儿的观察，有的好动，是兴奋型的，有的较安静，是抑制型的，这样的神经类型特点就是遗传的。这些特征构成了每个人独特的心理基础。但是，这些生理素质仅仅决定个性差异的一个方面，更重要的是在个性发展过程中来自外部的影响，即依赖于客观环境的影响，依赖于个人主观能动性的影响。

（2）后天社会环境

后天因素主要有家庭影响、文化传统影响、社会阶段和阶层影响等。

1）家庭影响。在个性形成过程中，家庭影响是最初的根源。家庭对子女的教育除了按社会的要求使其发展成为适合社会要求的人以外，还以自己的家庭特点给子女以影响。家庭影响主要是父母的个性和教育方式这两个方面。父母的个性对子女性格的形成影响是很大的，也是潜移默化的，子女在父母抚养下，父母对工作的态度、与同事的交往、对亲属的关系、对挫折与胜利的反应等，都影响着子女的个性。父母的教育方式对子女个性的形成也有重要影响作用。国外对此研究得很多，如美国的波德温把教育方式分成民主与权威两种，后来列维又研究了母亲过分纵容和过分支配这两种教育方式对儿童个性形成的不同影响。研究结果表明，采用过分纵容方式，儿童多为不听话、易发脾气、不能克制自己，但达不到要求时又会退缩；采用过分支配方式，则儿童比较顺从、有礼貌，但比较软弱。

2）文化传统影响。每个社会都有自己的文化传统，每个人的个性都不能不受到文化传统的影响。在文化的组成中，包括对一些重大问题的价值观念，如对人生的看法，对自然的看法，对人与人关系的看法，以及解决问题的方法和行为模式。一个社会要求其成员有大体上共同的行为模式。不同的人，其社会看法、解决问题的方法和行为模式是不相同的。例如，美国和日本这两个国家对员工在工作单位之间流动就有不同的价值观念：在日本，企业多数采用终身雇佣制，一个员工从甲厂流动到乙厂被视为叛逆行为；而在美国，企业多采用合同制、聘任制，人员流动都被看成是正常的行为。在对待人员流动问题上的两种根本不同观念，会影响到个性的形成，日本工人喜欢以厂为家，不愿意跳厂，而美国工人则喜欢跳厂，愿意经常变换工作单位。

3）社会阶段和阶层影响。任何一个人都必须生活在一定的社会中，是属于一定阶层的成员，而这个阶层，对人的个性影响尤为深刻。当然，同一个社会里不同阶层人的个性也有差异。我国有人对大学生做了初步调查，发现知识分子阶层出身的人，文化修养好，举止比较文雅，待人礼貌，但善于幻想，与人交往时不大喜欢深交，遇事缺乏果断性，个性易左顾右盼；农民阶层出身的人，生活比较朴素，不怕苦和累，憨厚老实，但有时有自卑感，有点倔强固执；工人阶层出身的人，对工作认真，集体主义强，守纪律，情感较直爽，讲究实际等。

3. 旅游群体与个人的关系

旅游群体与个体旅游者之间的关系是互动的，可相互影响、相互交流。

（1）群体对个人旅游行为的影响

个体的旅游行为受群体的影响，主要是受群体中其他成员的旅游态度和旅游行为的影响。属于同一群体的个体，会有对群体的共同归属感。他们之间既有情感的联系，又有对态度和行为的比较。因此，某些成员的态度和行为会影响其他成员。例如，有些成员对旅游有良好的主意，并有参加旅游活动的经历，便会引起其他成员的羡慕，激发其他成员的旅游动机，引起其他成员效仿而参加旅游活动。由于旅游本身是一种积极有益、引人入胜的活动，某一群体的部分成员参加了旅游活动，其他成员为了取得经历和地位上的一致，一般对旅游活动也采取积极的态度。

群体成员之间旅游行为的相互影响，还会表现在旅游活动过程中的各个方面。例如，同一旅游群体中的成员，要求与其他成员住同等级别的饭店和客房，受同等规格的接待；有些成员在旅游中购买了某种旅游商品，会刺激其他成员也去购买。群体成员的旅游态度和旅游行为对其他成员的影响，既有情绪感染的作用，也有地位与经历差别的作用。前者引起模仿行为，后者引起从众行为，都是为了在自我意识中取得心理地位的平衡而产生的。

（2）群体中中心人物的作用

旅游群体中会产生中心人物是客观存在的群体性现象。旅游群体中的中心人物具有一定的旅游经验和丰富的社会经验，能够调节群体成员对旅游活动的认知、情感、行为差异，能够统一对旅游服务的意见，调节人际关系。中心人物在群体活动中主要起到两个显著的作用：一是中心人物对群体成员有很高的暗示作用，中心人物一般用暗示来调节成员对群体旅游利益的认知、情感和行为。暗示效力的产生主要是中心人物有很高的可信度。中心人物本身就是被服务对象，言行中又表现为为全团着想，这就使得其他成员认为中心人物所有行为的动机都是为他们谋利益。二是中心人物的团体旅游信息加工作用，信息在中心人物用以往社会经验和旅游经验组成的参照系的筛选、组合下，团体旅游信息被重新形成、明确和有所发展，然后流向其他成员，这时的信息已渗入中心人物自己的旅游经验或社会经验并采取群体成员易于接受的言语沟通方式，在中心人物的暗示作用下，群体成员直接把它作为自己所在群体旅游活动的参照系。

知识链接

中心人物的四种主要类型

1. 旅游经验型。这类中心人物比群体中其他成员具有更多的旅游经验，特别是具有该群体旅游目的地的旅游经验。

2. 社会地位型。这类中心人物在当地（客源地）具有较高的社会地位。如政府成员、人大代表、董事长、教授、白领高薪人士等。

3. 年长型。这类中心人物在群体中较为年长，其他成员对他较为尊重，另外，年长者也往往具有丰富的社会经验。

4. 混合型。这类中心人物往往同时具有或是旅游经验与社会地位相结合，或是旅游经验与年长相结合，或是社会地位与年长相结合的特点。在旅游群体中，混合型中心人物更为普遍。

二、旅游者的个性类型

旅游服务的对象是来自不同地区、不同阶层各种各样的旅游者，他们都有各自不同的个性心理特征。常见的分类主要以气质和性格作为分类依据。

1. 以气质为分类依据的个性类型

根据胆汁质、多血质、黏液质、抑郁质相对应的气质类型，可以把旅游者分为急躁型、活泼型、稳重型和忧郁型四类。

（1）急躁型旅游者的表现及服务要点

急躁型旅游者具有胆汁质的气质特征。他们在旅游活动中常不拘小节，有时会不假思索地打断导游的讲解，提出一些问题；在旅游活动中，情绪反应较强烈，对旅游产品与服务肯定或否定的表情丰富，言语坦率，喜欢提问题及建议，常常表现出急躁、冲动的行为特征，决策果断，具有外向性；在候车、办手续、进餐、结账时，若稍需等候就会表现出不耐烦，显得心急火燎；对人热情，容易兴奋激动，喜欢大声说话，说话时爱打手势而且直率、不顾场合。此外，急躁型旅游者走路做事手脚常很重；喜欢显示自己的长处，乐于助人，有冒险精神，喜欢参与富于刺激性的活动；不善于克制自己，有问题会大声吵闹，遇到麻烦易发火动怒，且一旦被激怒就难以平静；经常丢失东西。

接待这类旅游者应做好以下几点：服务速度要快，开房、送餐、结账等效率要高，不要拖拉；避免与其发生争执或冲突，出现矛盾时主动回避，不要激怒旅游者；注意提醒旅游者不要丢失物品。

（2）活泼型旅游者的表现及服务要点

活泼型旅游者一般都较活跃、大方，面部表情丰富，爱说爱笑，显得格外聪明伶俐。他们喜欢交际，常主动和导游攀谈，拉家常，建立友谊；喜欢打听消息，对各种新闻感兴趣，爱热闹，喜欢参加新颖、热烈、花样多的活动，忍受不了寂寞和孤独；富有同情心，导游若有事与他们商量，容易取得他们的理解。

接待这类旅游者应做好以下几点：多介绍和安排新颖、有趣、富有刺激性的活动；对其主动热情的交谈要诚恳相待，切忌不理不睬；提供服务速度要快，多变花样，避免啰嗦呆板。

（3）稳重型旅游者的表现及服务要点

稳重型旅游者温和而稳重，不苟言笑，不爱与导游攀谈，说话做事节奏较慢。他们喜欢清静、恋旧，不喜欢经常变花样，不容易受感动，面部表情不丰富，常给人一种摸不透、难以接近的感觉，如有事与他们商量，他们会考虑很久，显得很谨慎。这类旅游者喜欢参加节奏轻松的活动，喜欢故地重游，买东西认牌子，保守，对新的活动项目、新的情况接受较慢。

接待这类旅游者应做好以下几点：安排的住房应尽量僻静，不要过多打扰；活动项目不要安排得太紧凑，内容不要太繁杂；有事交代应直截了当，语速要慢些，切忌滔滔不绝；凡事不要过多催促，要允许他们考虑。

（4）忧郁型旅游者的表现及服务要点

忧郁型旅游者喜欢独处，很少在公众场合大声言笑，显得腼腆而羞怯。他们不爱凑热闹，不喜欢参加过于热烈或有竞争的活动；总是喜欢在不显眼的地方默默地待着，不愿成为大家注意的目标；说话做事很斯文，步履轻缓，显得很柔弱；不爱交往，不爱主动与人交谈，有想法和意见时也不愿说出来；自尊心特别强，爱因小事而怄气。

接待这类旅游者应做到以下几点：尊重并处处照顾他们；说话态度要温和诚恳，切勿命令指责；不和他们开玩笑，不在他们面前说无关的事，以免引起误会；安排的住房要清静而不偏僻，随时关照但不打扰他们；有事与其商量，要把话说清楚，说话慢一点，以免引起他们的猜忌和不安。

2. 以性格为分类依据的个性类型

性格是人们在对现实较稳定的态度以及与之相适应的习惯了的行为方式中所表现出来的个性心理特征，是个性的核心。性格的个体差异很大，有的人活泼开朗、热情奔放，而有的人内向、深沉；有的人性情急躁，而有的人性情温顺。通常可从以下几个角度对性格进行分类，以研究旅游者的行为特征：

（1）按照性格的机能类型进行划分

按照心理机能在性格中所占的优势，可分为理智型、情绪型和意志型三类。

理智型的人喜欢以理智衡量一切。具有这种性格的旅游者很讲道理，遇事爱问为什么；凡事只要合乎道理，他们就乐于接受；他们对是非好坏观点鲜明，显得自信而有见识；有时也会因固执己见而显得偏激或迂腐。这种性格多见于知识分子、学者之类的旅游者。

情绪型的人凡事易被情绪所支配。具有这种性格的旅游者处理事情常凭情绪和兴趣，喜欢感情用事，不过于计较利害得失；他们通常很重感情，显得单纯天真。这种性格多见于艺术家、女性等旅游者。

意志型的人做事总有明确的目的，善于自我控制。具有这种性格的旅游者常显出坚定的毅力，他们游览的目的很明确，一旦做出决定，不轻易改变。这类性格多见于企业家、政治家之类的旅游者。

（2）按性格的倾向性进行划分

按心理活动倾向于内还是倾向于外，可把性格分为内向和外向两类。现实生活中可能存在一些典型的外倾性格者和一些典型的内倾性格者，但大部分人都在这两者之间，有的偏内倾，有的偏外倾。在旅游活动中，一般能比较容易地辨别出旅游者的内外倾性格程度。

内向型性格的人通常只重视自己和自己的主观世界，他们一般比较沉静，富于幻想，不善交际，注意内心体验，孤僻、退缩、敏感、害羞、爱思考、防御性强，不易适应新环境。典型内向型性格的人较少，一般不爱外出旅游。性格内向的旅游者不喜欢到生疏的地方旅游，通常选择熟悉的、具有家庭气氛的旅游点，参与节奏轻松的活动项目，喜欢和一两个知心朋友在同一个地方做较长时间的逗留。他们希望事先把旅游行程安排妥当，按部就班地完成游览活动。在旅行团中他们是守纪律的一类人，遇到问题往往也是自己解决，在能忍受的范围内尽量克制自己的情绪，外表平淡，显得无生气。

外向型性格的人性格外向，主要指向他人和外在的客观世界。他们一般比较开朗活跃，做事常凭一时冲动，往往不计后果，爱交际、好外出，坦率、随和、轻信、易于适应环境。这类性格的旅游者喜欢热闹、新异的旅游地，喜欢参加热烈的活动。他们希望旅游中常有意想不到的趣事，不愿活动日程安排得太死。这类人很容易被旅游广告吸引，做决策时考虑较少，往往爱冲动，感情不易控制，爱开玩笑，他们是旅游活动中的活跃分子。

三、旅游者团队的群体性

目前，虽然旅游业中旅游者进行“自助游”或“半自助游”的“散客”有日益增多的趋势，但仍有多数旅游者是以“跟团”的方式外出旅游的。导游工作虽然也包括为“散客”服务，但主要还是“带团”。

旅游团队与企业中的“工作团队”有很大的不同，它是一个具有临时性、松散性、发展性和依赖性的特殊群体。第一，旅游团队只是人们为了进行一次旅游活动而结成的、存在时间很短的群体，一旦旅游结束，群体的成员就会各奔东西，群体也就不复存在了。第二，在旅游团队中，群体成员除了经济、便捷地完成一次旅游之外，他们并没有更多的“共同目标”，他们之间也就不可能结成紧密而稳定的关系。第三，随着旅游活动的进行和旅游者相互交往的深入，旅游团队这一群体的松散程度会有所变化，团队中会产生出一位强有力的“中心人物”或形成不同的“亚群体”。第四，旅游团队的行、游、住、食、购、娱等各项旅游活动的顺利进行还得依赖于众多“合作单位”的共同努力。

旅游团队作为一个特殊群体，“带团”的导游员必须注意以下几个方面的问题。

1．旅游团队的群体差异

（1）不同文化背景旅游者的差异

在人类历史的发展过程中，中西方在饮食、服饰、工艺、艺术、建筑以及价值观念、伦理道德、宗教信仰等方面都有明显的差异。东方文化背景的人含蓄、内向，善于控制感情，往往委婉地表达意愿。西方文化背景的人开放、爱自由、易激动，感情外露，喜欢直截了当地表明意愿并希望得到肯定的答复。随着人们旅游意识的增强，消费者所欣赏的文化背景将在一定程度上被保留，甚至强化，这固然是商业因素使然，但确也为形形色色的旅游消费者打开了一扇扇了解不同文化习俗的“窗户”，使他们能够以平常心看待与自己生长环境迥然不同的异域文化，进而欣赏它、理解它、接受它。

知识链接

多年前，当时的美国总统克林顿访问上海，在参观一个社区时，一群幼儿园的孩子们有组织地用英文高声欢呼“热烈欢迎克林顿爷爷。”克林顿微笑示谢，但多少有一点儿迟疑。这时，一个3岁的男孩却大声地直呼其名：“克林顿！克林顿！”就在大人们为小男孩儿的失礼而略感尴尬时，克林顿却倍感亲切地抱起了这个“失礼”的孩子……所有中外记者都抓拍到了这个镜头，第二天包括《纽约时报》在内的世界各大报刊都刊登了克林顿与这个中国孩子零距离接触的照片。这个案例说明，由于各国文化传统的差异，人们日常生活中的礼仪从称呼到着装打扮，到握手问候、请客用餐、邻里关系，都存在广泛的差异。归根结底，中西方文化出现大规模和普及化的交流，也是刚开始出现的事情，中国和国际社会也许都需要时间来适应这个新转变。

(2) 不同性别旅游者的差异

性别对旅游行为的影响大多产生于传统文化所赋予性别角色的差别。如女性温和细腻，容忍宽厚，有依赖性；男性有进取心，事业心强，有独立性。女性旅游者在游览过程中，喜欢听带故事情节的导游讲解；她们希望周围的人，尤其希望导游对她们亲切友好；喜欢逛商店，谈论商品，购物时喜欢讨价还价。实际上，她们是通过旅游和“家人”待在一起，感受放松的心情，感受家庭的温情，感受他人的关爱。男性旅游者则喜欢选择一些活动量大的旅游项目，希望能够在一般旅游者未到之处，获得激动人心的体验和喜悦。

(3) 不同年龄旅游者的差异

人的个性随着年龄的增长和生活经历的不断丰富而不断发展变化。如少年儿童好奇心强——喜欢游乐场所、动物园等。青年人求新、求知、求享受等倾向强，具有较高的冒险精神，喜欢登山、游泳、跳伞等。中年人由于工作压力大、老年人由于身体方面的因素等都偏向于康乐性的旅游活动，喜欢观光、度假、疗养等。

(4) 不同职业身份旅游者的差异

旅游者不同的职业反映出他们不同的社会经济地位。社会经济地位高的人，快节奏的工作压力常令他们窒息，外出旅游，尤其和家人一起旅游可以缓解身心，调节情绪，暂时从现代生活急促的步伐中解脱出来，让疲惫的身心得到舒缓。现实生活中，一些社会经济地位较低的人也特别希望外出旅游，尤其是出国度假、旅游，喜欢访亲会友，享受旅游乐趣，领略山川风光。

来自上层的旅游者大多严谨持重，发表意见往往经过深思熟虑，一旦发言，希望得到别人的尊重，尤其是旅游人员的重视，他们期待高品位导游的讲解，甚至喜欢参与讨论，以获得高雅享受。而一般旅游者则是被动型的，他们可能对深层次的文化不感兴趣、不了解，而是喜欢不拘形式的交谈，话题广泛，跳跃性大，比较关心带有普遍性的社会问题和热门话题，他们对导游人员的讲解要求不高，但对相关服务，尤其是物质的东西要求较高。

2．旅游团队中的亚群体和亚群体对抗

（1）亚群体的含义

旅游团队的亚群体是指有些旅游者由于来自同一个地区，或具有相同的社会地位，而在旅游团队这个群体中所结成的次一级群体。这些找到某些相同或相似之处的旅游者往往会“抱成一团”“结成一伙”，在一个旅游团队内分成了两个，甚至两个以上的亚群体。旅游者在说到与自己同一亚群体的其他旅游者时，会说“我们”，而在说到与自己不同亚群体的其他旅游者时，会说“他们”。常见的亚群体有“地区型亚群体”和“社会地位型亚群体”。

一个旅游团队中出现不同的亚群体非常正常，不必惊慌。然而，出现了不同的亚群体，就有发生“亚群体对抗”的可能性。

（2）亚群体对抗

旅游团队中的亚群体对抗是指旅游团队中两个或两个以上不同亚群体之间的互相指责、互相攻击。在亚群体对抗中，旅游者往往不仅互相指责、互相攻击，而且会把指责和攻击的矛头指向旅游服务人员。

在一个旅游团队中出现不同的亚群体之后，如果每一个亚群体的旅游者仅仅是对“我们”和“他们”有“亲”“疏”的不同，则不至于对团队的旅游活动产生太大的影响；如果有某一件事使旅游者认为“他们”侵犯了“我们”的利益，并由此引起不同亚群体之间的互相指责、互相攻击，也就是所谓的“亚群体对抗”，则会在旅游团队中引起一系列的问题，给导游的工作造成非常大的困难。

课堂讨论

● 在提供旅游服务过程中，如何有效判断出旅游者中的中心人物？如何有效地利用中心人物来做好团队服务？

第三节　旅游者态度

引导案例

导游小宋跟同事谈起他最近一次带团的经历。杭州一连几天都在下雨，很多旅游者的兴致明显低落了下去，表示如果再下雨宁愿在酒店睡觉也不出去游玩了。小宋在提供服务过程中做了很多努力，最后一天是游览西湖，雨还是下个不停，小宋心里很是担心。没想到，那天在大厅里集合时，旅游者的态度来了个180度大转变，一些旅游者看到外面下着小雨，不是不高兴，而是很高兴。有一位旅游者还很是得意地说："小雨中的西湖，那可真是别有一番景致啊！上一次来杭州的时候，我们就是在小雨中游湖，那烟波浩渺的景色就像在仙境中一般！苏东坡的诗是怎么写的？'山色空蒙雨亦奇'呀！只可惜那一次我们没带相机，结果把那么美、那么特别的景观给遗漏了，真把我给后悔死啦！这一次我特地把摄像机带上了……"结果，整个团队不但没有小宋预想的因为下雨影响旅游者兴致，反而在兴高采烈的氛围中顺利完成了团队游玩。

思考：为什么旅游者会有这样的心态转变？

点评：上述案例中旅游者从厌烦雨天转变为接受下雨天气，还进行了心态调整，变不高兴为兴致勃勃，最后令整个团队的游玩计划得以圆满完成，除了与导游的努力有很大关系外，主要还是旅游者态度的转变与调整。

一、旅游者态度的构成

旅游者的态度是旅游者在旅游活动中形成的对旅游产品或服务肯定或否定的心理倾向。积极肯定的态度会推动旅游者完成旅游活动，而消极否定的态度则会阻碍旅游者完成旅游活动。

态度是由认知、情感、意向三个成分组成的。而旅游态度的形成包括知识经验的积累、需要的满足、家庭因素和文化因素。

1．态度的认知成分

它是指人们对态度对象所持有的信念和见解，这些信念或见解是以个人在某一时间内视为事实的、明确的证据为基础的。态度的认知成分具有对象性、持续性（稳定性与不稳定性）、社会性、价值性，对于改变旅游者态度的认知成分可以从以下几个方面入手。

（1）对象性

通过改变旅游者对他人、物、地方、事件、思想、形势、经历等方面所持有的信念和见解，来改变旅游者的态度。

（2）稳定性

态度的稳定性与它的持久抗变倾向有关，好的旅游态度就需要促进其稳定性，可通过改变态度的结构、态度的因果关系、态度的一致性来促进这种稳定性。虽然有的旅游者的态度持续一段时间不易改变，但会在一定的条件下改变，这就是态度的不稳定性。角色的冲突可能会改变态度的冲突，情况可能会影响态度，创伤性的经历可能会使态度发生显著变化。

（3）社会性

旅游者的任何态度都不是天生就具备的，而是后天习得的，家庭因素是旅游者个人社会化的第一场所，旅游者处于这个社会中，就不可能独立存在，所以旅游者就可能因周围的环境变化而改变其态度。

（4）价值性

旅游对于旅游者的意义与价值受旅游本身及旅游者的需要、兴趣、爱好、性格、信念和理念等因素制约。针对不同的旅游者，可以根据他们不同的需求制定不同的计划，来改变其态度。

2．态度的情感成分

它是指个人对一个对象所作的情绪判断。情境性情感能决定旅游者的态度，从这个意义上来看，情境性情感是态度的决定性因素，有强有弱，或持久或短暂。鲜明的情绪色彩、情绪体验可以看出旅游者的需要是否得到满足。旅游者对旅游产品的情感很大程度上决定了他对这个旅游产品的态度，所以我们要尽量让旅游者对旅游产生好的感情，并且时刻注意旅游者的情绪。但在另一方面，旅游者对某些对象也可持有一种很少或不受情绪影响的信念或见解，可能没有任何特别的情感，这时就需要随机应变了。

3．态度的意向成分

它是指旅游者对某个对象、人物或场合肯定或否定反应的倾向。如果旅游者对旅游持积极态度，也可能对将来去某旅游胜地旅游持积极的态度，该旅游者就具有旅游的意向，并且有去该地旅游的意向。社会文化积极的调整作用，可以实现个人与社会平衡的标准。那么我们就可以通过刺激旅游文化对旅游者在头脑中的印象来改变旅游者对旅游目的地的态度。

二、影响旅游者态度的因素

旅游者的态度一方面受旅游者的个性、态度的特点、旅游期望值等内在因素的影响，另一方面也受旅游产品及其他相关信息等外在因素的影响。

1. 旅游者的个体差异

旅游者在以下几个方面的个体差异会影响其态度的改变：

（1）需要

需要是一个人对生理和社会要求的反映，或是个体缺乏某种东西时的一种主观状态。态度的改变与旅游者当时的需要密切相关，如果能最大限度地满足他当时的需要，则更容易使其改变态度。

（2）兴趣

兴趣是人们力求认识某种事物和从事某种活动的意识倾向。它表现为人们对某种事物、某项活动的选择性态度和积极的情绪反应。兴趣是在需要的基础上，通过社会实践而形成和发展起来的。兴趣能促使旅游者易于做出旅游决策；兴趣有助于旅游者为未来的旅游活动做准备；兴趣可以刺激旅游者对某种旅游产品重复购买或产生长期使用的偏好；兴趣的个体差异影响旅游者的购买倾向；兴趣变化促使旅游者购买倾向的变化。

（3）个性特征

从性格上看，凡是依赖性强、暗示性高或比较随和的人容易相信权威、崇拜他人，因而容易改变态度；反之，独立性、自信心强的人则不容易被他人说服，因而不容易改变态度。从智力水平上看，一般而言，智力水平高的人，由于具有较强的判断能力，能准确分析各种观点，不容易受他人左右；反之，智力水平低的人，难以判断是非，常常人云亦云，因而容易改变态度。

（4）其他方面

如受教育程度高和社会地位高的人要想改变他们的态度也比较难；又如自尊心强的人心理防卫能力较强，不容易接受他人的劝告，因而态度改变也比较难；反之，自尊心弱的人则敏感易变。

2. 旅游者态度的特点

旅游者的态度会受到其态度特点影响，包括态度的构成要素、态度的强度、态度的复杂性以及态度改变的幅度等。态度的强度是指旅游者对某一旅游对象赞成或不赞成、喜爱或厌恶的程度。一般来说，旅游者受到的刺激越强烈、越深刻，态度的强度就越大，因而形成的态度越稳固，也越不容易改变。态度的复杂性是指人们对态度对象所掌握的信息量和信息种类的多少，它反映了人们对态度对象的认知水平。人们对态度对象所掌握的信息量和信息种类越多，所形成的态度就越复杂。一般说来，复杂的态度比简单的态度更难以改变。同样地，要转变一个人的态度还要取决于他原来的态度如何，如果两者差距太大，往往不仅难以改变，反而会更加坚持原来的态度，甚至持对立的情绪。

3. 旅游者的期望值

旅游者的期望值是指人对旅游需要的一种期待，它是人的旅游行为所要追求的预期结果在头脑中的一种超前反映。期望值作为引发旅游动机的诱因，主要是由期望值的大小和成功概率来决定的。一般说来，如期望值较大，就会表现出较高的积极性，激励力量就较强，反之激励力量就弱；如目标实现的可能性大，就会增强信心，提高积极性，目标激励力量就大，反之就无激励作用。

4．旅游产品

旅游产品是旅游者在旅游过程中所购买的各种物质产品和服务的总和。旅游产品的改变包括产品或服务的形式、质量、价格等方面的改变，它是影响旅游者态度改变的重要因素，必须运用好旅游产品改变的心理策略。

5．其他相关信息

包括信息作用的一致性、旅游者之间的相互感染以及团体的规范、习惯力量的压力等影响。

如旅游者在行动前，会主动收集各种有关信息，各种信息间的一致性越强，形成的态度越稳固，因而越不容易改变。又如旅游者的态度通常是与其所属团体的要求和期望相一致的。这是因为团体的规范和习惯力量会无形中形成一种压力，影响团体成员的态度。如果个人与所属团体内大多数人的意见相一致时，他就会得到有力的支持，否则，就会感受到来自团体的压力。

三、改变旅游者态度的策略

1．更新旅游产品

旅游产品是旅游者在旅游过程中所购买的各种物质产品和服务的总和，从某种意义上讲，更新旅游产品是改变旅游者态度最基本和最有效的方法。要使旅游者改变对某种旅游产品的态度，最简便的方法往往是改变旅游产品本身，然后，以某种方式确保旅游者发现这种改变。

门票收入可以说是我国旅游业的一大经济来源。长期以来，过分重视景点开发、收取高价门票，甚至重复卖票的现象非常严重，现在国内的景点门票已经超过了美国及欧洲等国家的平均水平，作为基本旅游消费的门票消费过多，而旅游产品相对匮乏，必然影响旅游者的消费积极性，而我国消费者在国外能把大部分钱用在非基本旅游消费上，与国外合理的基本旅游收费很有关系。与我国旅游业相比，不少国家把更多的利润来源放在了开发旅游商品上，这不仅包括有形产品，也包括无形的旅游娱乐产品。

例如，每年在上海举办的国际旅游交易会，吸引了来自世界64个国家和地区的参展商，其中来自海外的一千多家参展商纷纷向中国推销他们的旅游产品。从各国特产、传统滑雪到另类民间艺术，五花八门的旅游产品令我国消费者大饱眼福。知识经济的发展造就了大量熟悉各类高科技产品的旅游者，他们必然要求享有更高层次的旅游消费，改变过去单一的观光、娱乐等旅游需求形式，知识和技术含量大的旅游产品更能吸引或刺激旅游需求，使当代旅游需求呈现向高层次发展的趋势。

知识链接

2015年“十一”黄金周全国各省区市旅游收入排行榜

2015年，根据商务部等有关权威部门发布的统计数据，各省旅游产品都在不停地推陈出新，以创新旅游产品来迎接黄金周的到来，并都在不同程度上实现了收入增长。2015年10月1日至7日，在旅游业的推动下，全国零售和餐饮企业实现销售额约10 820亿元，比去年同期增长11%。

名次	省区市	旅游总收入（亿元）	同比增长	接待旅游者总数（万人次）	同比增长
1	山东	392.1	12.80%	5 139.1	8.20%
2	四川	316.45	24.50%	5 349.76	14.50%
3	河南	266.2	11.70%	4 570.4	10.50%
4	山西	213.47	16.15%	3 357.63	17.22%
5	陕西	200.9	26.50%	4 088.6	24.30%
6	湖南	突破200	7.98%	突破3 700	7.58%
7	安徽	178.6	11.20%	5 101.5	10.20%
8	湖北	165.9	12.48%	3 517.05	11.07%
9	贵州	136.35	21.30%	2 116.22	20.60%
10	福建	124.37	25.80%	1 848.99	20.40%
11	北京	83.1	7.10%	1 151.6	1.60%
12	天津	68.35	8.10%	764.19	1.10%
13	重庆	65.04	13.16%	2 087.22	12.38%
14	吉林	59.45	28.50%	1 001.45	19.60%
15	甘肃	54	16.50%	900	15.80%

注：以上数据来源各省区市旅游局公开统计数据。

2．加强旅游宣传

信息是态度形成的一个重要因素，也是态度改变的重要依据，向旅游者宣传新的旅游信息会产生改变其态度的效果。旅游市场不断变化，新的信息不断产生，旅游者掌握的新信息越多，旅游态度改变的可能性就越大。目前旅游界非常重视旅游宣传，通过不同的宣传途径向旅游者输送新的旅游知识和信息。旅游产品的不可移动性、无形性和旅游者的异地性，决定了旅游产品不可能像工业产品那样直观地在市场上用信息传递方式去沟通潜在的旅游者。因此，加强旅游宣传应做到：

（1）拓展信息宣传空间

在城市旅游宣传中，城市街道、交通要塞的广告牌要明显。广告不能仅仅依靠旅行社各重大的活动去显露曝光率，平时信息与工作都应让市民了解，例如巴士的车身广告，车站的霓虹灯牌广告，传统食品包装上的广告等。

（2）打造旅游新焦点

一是节庆活动，以节造势、以节兴旅，要继续推进市场化运作的办节模式，全面引入竞争机制，吸引国内外知名企业参与，政府组织协调，企业创新策划，实施节庆活动名牌战略，走市场化、特色化、专业化路子，打造出在国内乃至国际上较有影响的旅游节庆活动精品。二是更新旅游纪念品，给旅游者创造一个值得回忆的体验。旅游者对于旅游纪念品不仅仅从美观、历史悠长、价格高低来进行选择，更强的购买欲来自纪念品新颖、奇特、带有高科技色彩，富于美好的寓意等方面，因而对于纪念品品质的要求越来越高，一件好的物品会让人品味一段美好快乐的经历。旅游企业经过制定明确主题、强调参与等过程，设计出精致的带有体验意味的旅游纪念品，消费者肯定会愿意花钱买纪念品，回味体验。如果企业觉得不需要设计纪念品，那是因为尚未提供体验。

（3）进行叠加式重复宣传

一次性的宣传促销只能是昙花一现，往往达不到最佳的效果，就如在异地宣传了一次，花费了大量人力、精力、财力、物力，但只是当时鼎沸了一时，几日、几个月后渐渐被人淡忘，当地人只是会偶尔想起有这么个地方来过一次宣传。我们的宣传必须走出这样的死角，贵于坚持，只有反复进行才会产生印象积累，刺激旅游者的记忆力。可以在飞机场、火车站等出入口处竖立大型旅游电子宣传屏幕，反复宣传加上通俗的语言，使大街小巷、年老少幼均耳熟能详。

知识链接

一个震惊微信朋友圈的《乌镇欢迎您》宣传片

乌镇是水乡古镇，京杭大运河穿镇而过，水网密布，田陌纵横，商贾云集，富甲一方，串联起锦绣江南的繁华。乌镇是活色生香的文化乌镇，这里不仅有文学巨匠茅盾、海内外著名文学大师木心，还有令人惊艳的乌镇戏剧节。乌镇还是活力乌镇，正在从观光旅游向休闲度假、商务会展等为特色的综合性国际旅游目的地转型，借助世界互联网大会的东风，乌镇还有望从恬静的“江南小镇”阔步迈向“世界互联网小镇”。

《乌镇欢迎您》这部宣传片由乌镇联合浙江广播电视集团制作，共分水乡乌镇、文化乌镇、活力乌镇3个篇章，用一个个生动的镜头，细致地展现了乌镇的美，细听优美的文字介绍，让人有身临其境之感，为乌镇的旅游宣传起到了很好的作用。

课堂讨论

● 试从旅游一线从业人员、旅行社以及地方旅游局等不同层面来探讨改变旅游者态度的途径与具体做法。

第四节　旅游者情绪与情感

引导案例

某日清晨，浓雾弥漫。导游小王一早就被告知：由于天气原因，原定于今日飞往北京的航班被取消，下一航班将在3天后，原定搭乘此航班的旅游团必须改乘汽车至武汉转飞机。此时，早起的不少旅游者听说航班取消，又吵又闹，不肯上车，有的客人还吵着要退钱。

思考：上述案例中旅游从业人员应如何面对不同旅游者的情绪发泄？

点评：在案例中，由于天气原因导致航班取消，虽然属于不可抗力因素造成，很多时候都跟旅行社以及导游没有直接的关系，但作为服务一线的旅游从业人员，不管旅游者情绪反应如何，都应该想办法进行协调与安抚。因此，旅游从业人员应了解旅游者的情绪与情感，并把握不同的情绪及情感对旅游者在旅游活动中产生的影响。

一、旅游者情绪与情感的含义

1．旅游者的情绪

心理学中的情绪是指个体对认知内容的特殊态度，是以个体的愿望和需要为中介的一种心理活动。情绪总是由某种刺激引发，自然环境、社会环境及人的自身原因都可能引发情绪反应，其产生的根源在于客观现实本身。情绪由独特的主观体验、外部行为表现、生理唤醒以及对刺激物的认知等复杂成分组成。

旅游者情绪的表现会体现在表情动作上。旅游者的各类情绪发生时，通常伴随着一些外部的表现，如面部的表情、身体的姿势、手势及言语器官的活动等，可以被直接观察到，这些统称为表情动作。表情动作能使旅游服务中客我双方语言交流所造成的不确定性和模棱两可的情况更加明确，成为旅游者的态度、感受的最好注解。同时，旅游者的一些不宜言传的思想或愿望，也会通过表情或身体语言来传达。由于受到社会文化、道德规范的制约，旅游者情绪的外显行为也具有一定的人为性和伪装性，旅游者的情绪感受被修饰或夸大后，旅游者的情绪体验和表情之间出现不一致性。

表情动作是我们了解旅游者情绪与情感的客观指标之一，旅游者的表情动作可以从其面部表情、姿态表情、言语表情三个方面进行识别。

（1）面部表情

面部表情通过眼部肌肉、颜面肌肉和口部肌肉的变化来表现各种情绪，主要由眉、眼、鼻、嘴的不同组合而构成。如眉开眼笑、怒目而视、愁眉苦脸、面红耳赤、泪流满面等。由于面部表情具有跨文化性，同一种面部表情会被不同文化背景下的人们共同承认和使用，以表达相同的情绪体验。心理学家们经过研究发现：最容易辨认的表情是快乐、痛苦，较难辨认的是恐惧、悲哀，最难辨认的是怀疑、怜悯。一般来说，旅游者的情绪成分越复杂，其表情越难辨认。心理学家的实验还证明：眼睛最善于表达忧郁、愤恨、惊骇等情绪，口部对表达快乐与厌恶最为重要，前额往往反映出惊奇、好奇的情绪体验，而眼、嘴和前额对表达愤怒的情绪都很重要。

（2）姿态表情

姿态表情是旅游者与旅游服务人员之间表达感情、传递信息的另一个重要手段。不同的姿态表情反映出旅游者不同的情绪与情感体验。如旅游者欢乐时手舞足蹈、拍手、跳跃；悔恨时顿足、击掌、捶胸、拍额；惧怕时手足失措、抖动、僵直；紧张时坐立不安等。姿态表情又包含手势和身体姿势两方面，手势是仅次于言语的表达形式，不具有跨文化性，并受不同文化的影响。因此，同一手势在不同民族和国家中所代表的含义可能截然不同，如竖起大拇指在许多文化中是表示夸奖的意思，但在希腊却有侮辱他人的意思。又如东方人在招呼别人靠近自己时一般采用手心向下的手势，而手心向上招呼他人过来一般带有挑衅的意味，但在多数西方文化中恰好相反，手心向下是招呼动物过来，而手心向上则是对人的招呼。因此，在接待国际旅游者时，尤其要注意不要误用手势，以免引起一些不必要的麻烦。

（3）言语表情

言语表情是旅游者情绪发生时在言语的音调、节奏方面的表现。如旅游者喜悦时往往音调高昂、节奏轻快；愤怒时声音高而尖、伴有颤抖和嘶哑。此外，旅游者在感叹、讥讽、同情时，都有特别的语音变化。因此，旅游服务人员要学会“听话听音”，善于捕捉旅游者的言外之意、未尽之言。

总之，旅游者的面部表情、姿态表情和言语表情构成了旅游服务中客我交往中的非言语交往，它们经常相互配合，更加准确或复杂地表达出旅游者不同的情绪和情感体验，是旅游者情绪表达的重要方式和手段。作为一名旅游服务人员，通过一定的训练之后能够快速识别旅游者的情绪状态就显得尤为重要。

知识链接

旅游者的面部表情观察分析指导表

旅游者的面部表情	旅游者可能的情绪状态或体验
眉眼低垂	不感兴趣、悲伤
眼睛圆睁、牙齿外露	愤怒
眼睛圆睁	恐惧
嘴角上翘，眉毛微微上扬	舒服、惬意、高兴和愉快

旅游者的姿态表情观察分析指导表

旅游者的姿态表情	旅游者可能的情绪状态或体验
挺立着	坦率、直爽
弯腰驼背	疲倦、被冒犯、不耐烦、不高兴
膝盖晃动	不耐烦
手指关节作响	不耐烦
走路迅速	热情、要求很高
说话或倾听时扬起眉毛	不喜欢或不相信对方
踱步	闲散、不慌不忙
歪头倾听	注意力集中、感兴趣

旅游者的言语表情观察分析指导表

旅游者的言语表情	旅游者可能的情绪状态或体验
请您……	随和、愉快、理智
您是否……	愉快、高兴
我想要……	清楚明确的期望，可能是愉快的或要求很高
我说的是……	困难的、要求很高
我听到的不是如此！	不耐烦、沮丧、争论、气愤
语调低沉、缓慢	自然、随和或疲倦
语调欢欣	高兴、愉快
语调高低起伏	不耐烦、不高兴、找麻烦的
强烈、大声	愤怒、生气

2. 旅游者的情感

情感是人对诸如道德、艺术等具有一定文化价值的东西所怀有的一种比较复杂而又稳定的主观态度体验。具体包括道德感、美感、理智感、爱和恨的体验等。

情感与情绪之间彼此依存，相互交融。情感与情绪的联系体现在两者都是人的主观体验，都是具有一定需要的主体的人脑对客观现实的主观反映。情绪是情感的基础，情感在稳定情绪的基础上形成，情感是对情绪的深化，同时又通过情绪反应得以表达。

旅游情感体验的对象是情感。作为旅游体验对象的情感，主要是来自他人和自我。所以，旅游情感体验的内容主要包括两大类：即对他人情感的体验和对自我情感的体验。旅游情感体验中，也有对物的情感体验。物本无情，物的情感实际来自于人的情感的投射，对物的情感体验可纳入他人或自我情感体验。

（1）对他人情感的体验

旅游情感体验是旅游者对情感的体验，体验是自己的，所体验的情感却可以是他人的。旅游者在旅游活动中体验到的他人情感主要来自两个方面：一是来自他乡，二是来自故国。

1）他乡的冷暖。旅游者对他乡情感的体验。人们常说，旅游是动机的推动和目标吸引的结果，这个目标的吸引就包括他乡情感的吸引。现代社会，在巨大经济利益推动下，已经没有几个地方不热情洋溢地张开怀抱，等待远方旅游者的到来，情感服务早已成为吸引旅游者的王牌。旅游者离家出游固然不全是他乡热情吸引的结果，一到目的地，却无论如何也避不开对他乡情感的体验。翻翻古今游人留下的游记，对于他乡情感体验的记载随处可见，宾至如归、热情好客、盛情款待、依依惜别等字样不时见诸笔端。

2）故国的呼唤。旅游者对故国情感的体验。"慈母手中线，游子身上衣。临行密密缝，意恐迟迟归。"说的是慈母对游子牵挂的体验。其实，游子体验到的何止是家中老母对游子的慈爱之情，还有类似母爱的故国情感一家乡情、祖国爱。母亲给了游子血肉之躯，家乡给了游子本土文化，祖国给了游子成长舞台，不管游子走到哪里，故国始终像母亲一样牵挂着他们：走时为他们送行，到时为他们祝福，回来时为他们接风洗尘。旅游期间，有时还托人专程看望他们。

故国的关爱是真挚而深沉的，往往令旅游者终生难忘。在各种旅游情感体验中，除了对自我情感的体验外，恐怕没有哪一种像对故国情感体验那样深刻而持久。总之，旅游者对故国情感的体验，正像一首诗吟唱的那样："游子心连心，依依故乡情。"

（2）对自我情感的体验

旅游者对他人情感的体验会激发旅游者产生新的情感，这种情感是属于旅游者的，当这种情感被旅游者本人认识并引发旅游者产生一系列身心反应时，旅游者对他人情感的体验便转入对自我情感的体验。旅游者对自我情感的体验是多种多样的，从空间的角度看，既有对他乡的向往，也有对故国的眷恋；从时间的角度看，既有对古往的思念，又有对现实的情怀；从人我的角度看，既有对自身的感怀，又有对众生的悲悯。

二、旅游者情绪与情感的分类

1．旅游者情绪的分类

情绪状态是指在某种事件或情境的影响下，在一段时间内所产生的某种情绪，典型的情绪状态有心境、激情、应激。

（1）心境

心境是指一种较持久而微弱的情绪状态，主要表现为一种非定向的弥散性的情绪体验。心境首先具有缓和而微弱的特点，与激情的强烈而激动的情绪体验不同；其次，心境还具有“忧者见之则忧，喜者见之则喜”的弥漫性，即不是关于某一事物特定的体验，而是使一切体验都感染上同样的情绪色彩；最后，心境的持续时间可以是几小时、几天、几周、几个月或更长。

由于心境是一种具有感染性的、比较平稳而持久的情绪状态，当人处于某种心境时，会以同样的情绪体验看待周围事物。因此，我们一方面必须注意调整和调控旅游者的心境，以利于旅游活动的开展；另一方面也提醒我们要善于把握和调节自己的心境，带着良好的心境去为旅游者提供高品质的服务。

（2）激情

激情是指个体强烈的、暴风雨般的、激动而短暂的情绪状态，如暴怒、狂喜、绝望等。首先，激情具有激动性和冲动性，例如在某些突如其来的外部刺激作用下，旅游者可能会产生勃然大怒、暴跳如雷等情绪反应；其次，激情的发作一般比较短促，冲动过后，立即减弱或消失；再次，激情一般由特定的对象引起，指向性较为明显。最后，激情一般会有明显的外部表现，如怒发冲冠、咬牙切齿、眉开眼笑、哭泣、晕倒等。

由于激情是一种爆发快、强烈而短暂的情绪体验，在这样的激情状态下，个体的意识范围狭窄，生理的唤醒程度较高，自控能力减弱，因而很容易失去理智，不能正确评价自己的行为后果，甚至有不顾一切的鲁莽行为。所以，当旅游者处于激情状态时，旅游服务人员要积极采取转移其注意力、降低爆发强度、延缓爆发时间等手段来加以调控。由于人的理智和意志可以在一定程度上驾驭和控制自己的情绪冲动，因此，当我们处于激情状态时，要唤醒理智和意志力，调控自己的情绪，以避免行为冲动，破坏旅游服务工作。

（3）应激

应激又称应激状态，是出乎意料的紧张与危险情境所引起的情绪状态，是个体的一种适应性反应。应激状态改变了机体的激活水平，生理系统会发生明显的变化，如肌肉紧张、心率加快、呼吸急促、血压升高、血糖增高等，从而增加机体活动能量，以应付紧急情景。应激具有积极和消极两方面的作用，如人在应激时一般有两种表现：一种是目瞪口呆、手足失措，头脑一片混乱；另一种是急中生智、头脑清醒、判断准确、行动迅速，及时摆脱困境。当人长期处于应激状态时，会对其身心健康造成损害，导致适应性疾病的发生。

知识链接

情绪效应

情绪效应是指一个人的情绪状态可以影响到对某一个人今后的评价。尤其是在第一印象形成过程中，主体的情绪状态更具有十分重要的作用，第一次接触时主体的喜怒哀乐对于对方关系的建立或是对于对方的评价，可以产生不可思议的差异，与此同时，交往双方可以产生“情绪传染”的心理效果。主体情绪不正常，也可以引起对方不良态度的反映，并影响良好人际关系的建立。

2. 旅游者情感的分类

心理学中的情感一般包括美感、理智感和道德感等。由于理智感一般是与人在智力活动相联系的情感体验，而旅游活动与智力活动的联系相对比较弱，因此，这里我们主要讨论旅游者的美感和道德感两类情感。

（1）旅游者的美感

旅游者的美感是指具有一定审美观点的旅游者对旅游活动中的审美对象（旅游景观或他人、自己）的美进行评价时产生的一种肯定、满意、愉悦、爱慕的情感体验。首先，美感是旅游者的一种主观态度，受到其个人的需要、观点、标准、能力因素的影响，例如同一景观或事件，在不同环境中，在不同的旅游者眼中获得的评价和主观体验存在很大差异。其次，美感还受到审美对象属性的影响，例如多数自然风光、建筑、工艺品等的形式美是全世界公认的。最后，引起旅游者美感产生的客观刺激，不仅包括审美对象的感性特征，也包括事物的思想内容，例如导游的行为举止、言谈、思想和情感等。

在旅游活动中，作为审美对象的旅游景观大多是以生机勃勃的自然万物为构成要素，自然界鲜活直观的生命形式，使旅游者身临其境、置身其中，从而缩短了审美主体与审美对象之间的空间和心理距离，使人倍感亲切。面对天造地化、瑰丽无比的景观，旅游者常情不自禁地为之赞叹、遐想，这是一种掺杂着复杂情感体验在内的高级心理活动。孔子的“智者乐水，仁者乐山”“君子比德”之说就是寓道德修养于旅游审美活动的突出表现，对旅游者的道德感养成具有重要的作用。

（2）旅游者的道德感

旅游者的道德感是指旅游者运用一定的道德标准评价自身或他人的思想、意图和行为时所产生的一种情感体验。如果旅游者自己的言行符合道德标准，他们就会产生满意、愉快、自豪的情感；若其他旅游者符合道德标准，则会对其产生赞赏、尊敬、爱慕、钦佩等情感。反之，则会对自己感到不安、内疚，对其他旅游者产生厌恶、反感、鄙视、憎恨等情感。由于道德感具有社会性，因此，不同的历史时代、不同的社会制度、不同的阶级，道德的标准不同。

值得一提的是，由于旅游总是人们离开居住地到异地环境，旅游者脱离了日常的生活环境，由于一定程度的隐蔽性和匿名效应，多数旅游者可能出现“道德弱化”现象。

引导案例

“失踪”的旅游纪念木刀

一把突然“失踪”的旅游纪念木刀，昨日在秭归泗溪景区引发冲突。景区一摊贩因怀疑一群来自黄石的旅游者偷“刀”，遭到旅游者殴打。后警方及时介入，旅游者赔偿1 000元了结此事。

当天下午1点多，在泗溪景区竹海浴场附近卖旅游纪念品的陈女士的摊位上来了一批黄石旅游者。在这群旅游者离开后，陈女士发现摊位上少了一把木刀，怀疑是这群旅游者在参观时“顺手牵羊”，便急忙上了这群旅游者的大巴，与车上旅游者理论。但陈女士的指责，遭到车上旅游者矢口否认。大巴到达景区大门后，旅游者强行将陈女士拖下车。随后，双方发生激烈冲突，陈女士被情绪激动的旅游者打伤。在双方的冲突中，抱着小孩前来劝架的陈女士女儿也被摔倒在地。

茅坪警方介绍，经协调，负责这次旅游的黄石某旅行社向陈女士赔偿1 000元。目前，这群旅游者已安全离开秭归。

分析：就本案例中的情况看，旅游者的情绪激动，表现出明显的道德弱化倾向。旅游者道德弱化的常见表现有以下三个方面：首先是个性扩大化，例如部分旅游者对一些旅游服务人员提出过分要求，有时甚至达到吹毛求疵的地步；其次表现为人性中恶的一面充分暴露，例如一些旅游者举止异常、自私、任性、态度傲慢等；最后还表现为旅游者从众心理现象明显，判断力迟钝，例如部分旅游者对一些不良行为或无理要求随声附和。

三、情绪与情感对旅游者的影响

人是情感性的动物，旅游者更是在旅游过程中追求正面积极情绪体验的人。旅游者的情绪、情感状态在很大程度上决定着他们的动机、态度、意志力。此外，旅游者的情绪状态对于旅游团队中的人际关系和心理氛围、旅游团的活动效率，甚至对他们的健康都存在着巨大的影响。

1. 情绪、感情影响旅游动机和旅游者态度

旅游动机是指发动和维持人们外出旅游的一种心理倾向。从本质上看，旅游者选择

出门旅游是为了寻求一种“好”的感受，去掉一些日常生活中“不好”的感受。因此，旅游者的情绪、情感需求强烈影响着他们的旅游动机，旅游者的情绪状态是其旅游动机最直接的制约因素。旅游者的情绪状态对其旅游动机的影响是加强还是削弱，取决于他们在旅游途中体验到的情绪是正面还是负面。一般说来，某一次旅游的愉快经历会让他们再次出游的动机加强，而由不愉快的旅游经历引发的消极情绪可能会让他们在相当长的时间内拒绝外出旅游。

旅游者态度是指旅游者以肯定或否定的方式评价某些人、事、物或状况时具有的一种心理倾向。而人们在做出这样的评价时，当时的情绪状态和情绪体验往往起很大的作用，即旅游者的情绪体验也会影响他们的旅游态度。例如，当旅游者在旅途中心境不错时，他们无论是对导游还是景区工作人员都更可能做出肯定性的评价；反之，当旅游者产生了消极负面的情绪体验时，他们对旅途中的任何事情都更容易做出不满意的评价。所以，旅游从业人员要有意识地帮助旅游者形成良好的情绪体验，避免其产生消极的负面情绪。

2．情绪、情感影响旅游行为和活动效率

心理学研究表明，人的情绪、情感状态会影响人们的活动效率。一般而言，情绪的紧张程度与活动效率之间呈一种倒U形曲线关系，即中等强度的情绪最有利于任务的完成。因此，让旅游者体验到适度的紧张最有利于旅游活动的完成。旅游者过于紧张固然有违他们出门旅行的目标，但如果旅游者情绪状态过于放松，容易导致旅游团队纪律差，客人时间观念淡漠而影响整个旅游行程的安排。同时，轻松、愉快的团队氛围也是旅游者体验愉悦情绪的重要环境，只有旅游者处于愉快的情绪下，旅游服务活动才能顺利展开。

3．情绪影响旅游者的意志力

旅游者的意志力是指人们为了完成旅游活动，自觉克服困难，坚持到底的一种心理力量。尽管旅游者出门是为了寻求轻松和自由，但同时也不排除旅途中可能会出现一些意想不到的情况，此时就需要旅游者运用自己的意志力来完成旅游活动。例如在爬一座比较陡峭（如华山）的山峰时，如果旅游者的情绪状态良好、兴致勃勃，就可能坚持更长的时间，更容易克服困难，反之因为某些原因导致他们情绪低落时，爬山参观游览就被他们视为畏途，表现为意志力薄弱。

一般而言，男性的意志力强于女性，也比较稳定，不太容易受情绪的影响，女性旅游者的意志力比男性旅游者更容易受到情绪的影响。而某些女性情绪状态比较好的时候，其意志力甚至比男性更强。旅游团内受暗示性高的人，往往容易被周围环境的无关因素引起情绪的波动和思维的动摇而导致意志不坚定，他们的情绪和思维很容易随环境变化，给旅游活动带来不稳定的因素。此外，喜欢户外俱乐部的背包旅游者情绪更容易受意志力控制，他们有着强烈的意志力和勇气，足以克服所有的困难完成旅游活动。

4．情绪、情感影响旅游中的人际关系和心理气氛

人际关系是人们为了满足某种需要，通过交往而形成的彼此间的心理关系，旅游活动中特别是旅游团队里形成的人际关系一般具有临时性和浅表性。由于人们处于一个群体内的时候，更容易受到他人的情绪暗示和影响。所以，旅游者在参加一个旅游团以后，其心理和行为就会不断受到团队的心理氛围影响。例如我们经常会发现，某一个旅游者开心，其他旅游者也能感染这种愉快的情绪，全团的旅游者就都能积极投入到导游组织的参观游览活动中。

旅游者不同的情绪、情感体验会在团队内引起不同的人际关系，积极正面的情绪状态是形成良好旅游团内人际关系的基础和前提。旅游团内人们在心理上的距离越接近，双方就越会感到心情舒畅，情绪高涨，从而形成良性互动。例如在旅途中，导游和旅游者之间、旅游者和旅游者之间如果能够相互关心，彼此信任依赖，在感情上非常融洽，那么所有旅游者都会感受到温暖，形成良好的团队人际关系和心理氛围。反之，如果旅游团成员之间经常因为房间安排、车辆座位而发生矛盾和冲突，参观游览意见无法统一，都可能导致其心理距离拉大，那么所有的旅游者都会产生不愉快的情绪体验，而影响旅游活动的质量和心理体验。

此外，旅游从业人员的情绪状态对旅游活动中的人际关系也具有重要影响。如果导游的情绪是压抑的、愤怒的或虚伪的，旅游者多数情况下会敏锐地觉察到，进而其情绪受到压抑，而影响客我关系。

5．情绪、情感影响旅游者的身体健康

在日常的生活中，目标和责任让人不断地前进，极有可能带来痛苦、焦虑等负面情绪状态。心理学研究表明，负面情绪持续存在和蔓延，可能会引发人的心理和生理疾病，而外出旅游在很大程度上能够使人们紧张的心情得到松弛。由于快乐是属于情绪紧张维度的轻松一端，所以快乐体验也是一种有信心、有意义的意识状态，这种积极的情绪体验对于人们的身体和心理健康都具有重要意义。

旅游者在旅途中获得的快乐能让他们对外界产生亲切感，更容易与人交往并获得满足感，还能让他们具有一种超越的自由感，使其处于轻快、活跃、主动和摆脱束缚的状态，享受生活乐趣，体味人生的意义。所谓的“仁者乐山，智者乐水”也从一个侧面印证了不同类型的景点对旅游者心理健康状态的不同影响。例如，疗养能让人获得平静的心态，观看日出能让人体验到自然的神奇。反之，旅游者处于应激状态时，其体内与人体免疫能力相关的 T 细胞浓度会发生变化，从而导致其身体更容易生病。

知识链接

调控与激发旅游者情绪、情感的有效途径

旅游者的情绪调控主要是指旅游从业人员管理和改变旅游者情绪的过程。在这个过程中，旅游服务人员通过一定的心理策略和机制，使旅游者的情绪在生理活动、主观体验、表情行为等方面发生一定的变化。对旅游者情绪、情感的调控与激发体现出旅游从业人员，特别是导游员对整个旅游团的控制和管理，反映出其服务水平的高低。

1. 调控旅游者消极的情绪、情感

由于旅游者外出旅游是为了放松身心，追求一种愉悦体验，因此，旅游从业人员要多花时间和精力去关心和了解旅游者的情绪状态，特别是对那些旅游团内传播意见的人要尤其关注，因为他们在很大程度上能决定全团旅游者消极情绪的发生和发展。

2. 激发旅游者积极的情绪、情感

首先，利用人际交往中的“镜子”理论，让旅游者对自己更加满意，使旅游者获得更多的自豪感。由于旅游者总是把旅游从业人员当作自己的一面镜子来看待，因此，旅游从业人员要做旅游者的一面“好镜子”。其次，可以通过训练和改进旅游从业人员的说话方式、速度、语调及词句的选择，让旅游者产生积极的情绪体验。第三，还要培养旅游从业人员的幽默感，让他们学会巧妙拒绝旅游者的不合理要求而不伤及旅游者的“面子”，激发旅游者的积极情绪。

课堂讨论

请以小组为单位，进行旅游者情绪观察分析训练。

1. 操作：请到某一旅游景区仔细观察 10 ~ 20 名旅游者的言语表现、面部表情和行为姿态，并根据课本中提供的面部表情和身体姿态表情对应的情绪状态和情绪线索判断旅游者当时的情绪体验或状态。

2. 要求：观察时不能让旅游者发现你在观察他（她）。

3. 提示：可以借助摄像机或照相机，方便事后观察分析。

思考与练习

1．旅游动机的定义是什么？旅游动机有哪些类型？

2．如何做好激发旅游动机的工作？

3．如何把握旅游者个性的类型？

4．影响旅游者态度的因素有哪些？

5．可以通过哪些策略来改变旅游者的态度？

6．旅游者情绪与情感的分类分别有哪些？

第三章

旅游服务心理

chapter 3

如何满足旅游者要玩得舒心痛快的需求，是旅游服务企业的重要任务。旅游服务对象十分复杂，他们来自五湖四海，性格不同、职业不同，这就增加了旅游服务的难度。导游在带团过程中，应针对不同的旅游团提供不同的导游服务，要结合团队本身做好准备工作和服务工作，给旅游者留下良好的第一印象。同时，旅游是一个涉及多个层面的复杂过程，作为旅游从业人员，不但要掌握导游服务心理，还要对饭店服务、交通服务、购物服务等过程中旅游者的心理需求进行研究，从而运用恰当的待客策略。

学习目标

- 了解旅游者对导游服务的心理需求，掌握导游服务心理策略。
- 熟悉饭店服务心理策略。
- 了解旅游者对交通服务的心理需求，掌握交通服务心理策略。
- 掌握购物服务心理策略。

第一节　导游服务心理

引导案例

导游小王拿到旅行社一个农民旅游团的接团计划。这是小王第一次接团，为此她精心梳妆打扮了一番，款式新颖、色彩艳丽的品牌服饰将她衬托得美丽、时尚。上午8点，小王按时接到了团队，热情友好地帮旅游者们提行李，将他们引导至旅游车上，但是她的热情并没有融洽团队的气氛，相反，团员们却显得非常拘谨。小王想凭借自己精彩的欢迎辞来吸引旅游者，放松旅游者情绪，拉近与旅游者的距离，融洽团队气氛。她热情洋溢地讲述着事先精心准备好的欢迎辞，时髦的词句夹杂其中，但是她所做的这些非但没有达到目的，反而更是引起了旅游者的不满。旅游者的不满、不屑甚至烦躁的眼神让她手足无措。

小王内心充满了委屈，但不知道错在哪里？

思考：请分析小王在接团工作中的失误，并说说如何在接团时在全团旅游者面前树立良好的第一印象，圆满地完成接团工作?

评析：上述案例中，导游小王接待的是农民旅游团，接团时的形象准备和欢迎辞的准备，都没有完全针对这一类型的团队进行相应的调整。在全体旅游者面前没有树立良好的形象，从而引起了旅游者的反感，对后续带团服务工作造成不利的影响。因此，作为旅游从业人员，需要掌握不同的旅游团和旅游者对导游服务的心理需求，并为其提供有针对性的服务。

一、旅游者对导游服务的心理需求

作为导游人员，应在充分了解所接团队心理特征的基础上，掌握不同阶段旅游者对导游服务的不同心理需求，有针对性地提供导游服务。

1．不同旅游阶段的旅游者心理

（1）初期求安全心理和求新奇心理需求

一般来说，人们选择到异国他乡旅游，大多是为了摆脱日常紧张的生活、繁琐的事务，成为一个无拘无束的自由人，希望自由自在地享受欢乐的旅游生活。因此，旅游者初到某个旅游地，往往都会显得比较兴奋激动，并且会对当地的任何事物都感到新奇，什么都想看、想问、想知道，一些当地人司空见惯的平常事在旅游者眼里可能都是一件新鲜事，有强烈的追求新奇、增长知识的心理需求。

（2）中期求放松心理和求全心理需求

在一系列的旅游活动中，随着旅游者与导游以及旅游者之间相互接触的增多，相互之间也越来越熟悉，同时旅游者在旅游初期阶段由于环境、周围的人和事的陌生等原因而出现的求安全心理和戒备心理也得以逐渐消除，旅游者感觉到的是轻松、愉快，开始出现一种平缓、悠闲、放松的心态。因此，旅游者的性格开始逐渐暴露，如自行其是、个性解放、没有时间概念、集体意识差等，在一系列的参观游览活动中自由散漫，比较懒散。在这一阶段，由于旅游者之间彼此的人生观、价值观以及生活习惯的不同，团队内部成员间的矛盾也会日益显现。

与此同时，大多数旅游者在这一阶段还会出现一种求全心理，对自己所参加的旅游活动要求过于理想化，认为自己既然是花钱外出，那么旅游活动中的一切都应是理想而美好的，从而产生生活和心理上的过高要求，对旅游服务和旅游产品横加挑剔和指责，一旦其提出的要求得不到满足，就会出现强烈的反应，甚至有过火的言行。此外，旅游者在这一阶段提出的问题范围更广泛也更深刻，甚至还会有一些不友好以及带有挑衅性质的问题。

（3）后期求忙乱心理和求回顾心理需求

一般来说，在旅游活动的后期阶段，旅游者的心理是较为复杂的，情绪波动很大，可以说是既兴奋又紧张。兴奋的是在整个旅游过程中自己增长了见识，放松了心情，另外旅游活动结束后，马上就可以返回自己的家乡，见到自己的亲人和朋友，和他们分享自己此次旅游的经历见闻。但在这一阶段旅游者也会出现紧张和忙乱心理，如觉得时间过得太快，还有部分纪念品未买，担心行李超重等。有些旅游者还觉得意犹未尽，对尚未结束的游览恋恋不舍，甚至对当地产生依恋之情。在旅游活动的后期阶段，导游应留出相对来说较为充足的时间让旅游者处理自己的各种事务，本着认真负责的态度，尽力解决旅游者在这一阶段的困难，满足其要求。

2. 不同年龄阶段旅游团队的特点与相应服务技巧

（1）老年团队

1）老年旅游者特征。一般来说，老年人自尊心强，希望得到他人的重视，喜欢别人恭顺服从。他们积累了丰富的生活和工作经验，形成了比较固定的思维方式，比较固执，不愿改变过去的老习惯，比较节俭，行动较慢，不易适应新的环境。环境的改变往往会使老年人不适应，内心常常感到孤独寂寞。老年人往往随着年龄的增长，记忆力下降，心理承受能力也在下降。例如好忘事，遇事激动，容易发脾气等。

2）相应服务技巧。针对老年人的这些心理特征，接待老年旅游团队时，导游的穿着应朴素大方，不要穿过于时尚的衣服，讲解介绍时语速要慢，声音要响亮，服务态度要亲切、热情和周到。同时处处注意尊重老人，称呼要恰当，言行有礼貌，举止要文雅，学会耐心倾听老人的倾诉，万不可表现出厌烦情绪，对其建议和唠叨应予以谅解。适宜用抒情式欢迎辞，即感情充沛、富有感染力的风格，有助于提高老年旅游者的游兴。

（2）中年团队

1）中年旅游者特征。中年旅游者思维敏捷，情绪稳定，能独立地进行观察和思考，并组织和安排好自己的生活。自我意识明确，对事物能做出理智的判断，具有独立解决问题的能力。知识、经验丰富，富有创造力，注意力集中，记忆力较强，能把握和控制情绪，具有保持群体意义上的平衡能力，能较好地适应和把握环境。

2）相应服务技巧。接待中年旅游团队，导游的服饰要简单大方，注意衣服的品质，化淡妆以表示对旅游者的尊重。导游语速适中，讲解应有一定内涵和知识含量，适宜用规范式欢迎辞，即用简洁的语言表达风格，能够表现出导游干练、稳重的优势。

（3）青年团队

1）青年旅游者特征。青年最大的特点是喜欢多动多看，他们对旅游有一种特殊的偏爱，在旅途中也时常表现出激动、好奇和热闹。特别喜欢开玩笑，喜欢提出各种各样、名目繁多的问题和要求。

2）相应服务技巧。在接待青年旅游团时，导游要充满朝气和活力，根据年轻人的特点，开展别具风格的导游服务工作。适宜用调侃式的欢迎辞，即针对旅游者的背景或接团时的情境，以轻松、活泼的语调，借题发挥的风格，可以迅速拉近与旅游者的心理距离，放松其紧张情绪。

（4）儿童团队

1）儿童旅游者特征。儿童最大的特点是好奇、多动，喜欢新鲜的事物，专注力差，不像成年人那样乐意听导游的讲解。

2）相应服务技巧。接待儿童旅游团，导游要保持一颗童心，服饰简单可爱，适当带有卡通图案的服饰是最好的选择。导游致欢迎辞时，语言要生动形象，富有激情而又准确，语速要亲切、缓慢，适宜用提问式、启发式等风格，使小朋友对所讲话题产生浓厚的兴趣。

3. 不同职业的旅游团队特点与相应服务技巧

（1）教师团队

1）教师旅游者的特征。教师旅游者的综合素质较高，知识面宽，态度认真、负责，且能以身作则，遇事冷静，善于思考，不易容忍不合理的事物，对导游服务的要求较高。

2）相应服务技巧。针对教师职业的这种特殊性，导游要认真做好准备工作。服饰应讲究正统，但不要呆板，要体现出现代感、时尚感，佩饰不繁琐，简单大方。导游语言逻辑性要强，有一定的知识含量，语速适中，语气亲切。不固定使用某种风格的欢迎辞，但要根据旅游团队的气氛适当选择合适的欢迎辞。

（2）公务员团队

1）公务员旅游者的特征。公务员旅游者平日工作繁忙，工作压力较大，抗压能力强，整体素质高；社会责任意识强，政治敏感度较高，习惯于安排、处理各种工作，对遇到的事情往往持有自己的观点。

2）相应服务技巧。接待这种较严肃、正规的团队，导游服饰应品质良好，款式简单大方；导游应化淡妆，表示对团队的重视和对旅游者的尊重；与旅游者交谈时，导游应注意倾听，对他们的观点表示理解，如果出现与其观点不一致的情况，切忌与旅游者发生争执；导游要运用简练的语言风格致欢迎辞，树立稳重的良好形象。

（3）农民团队

1）农民旅游者特征。农民朋友普遍衣着比较朴实，收入水平相对较低，勤俭节约，待人热情。文化水平相对较低，普通话水平不高，一般说方言。

2）相应服务技巧。接待农民朋友旅游团，导游穿着应朴实大方，少佩戴或不佩戴首饰。适宜用聊天式的欢迎辞，即以自然、平和、亲切的语调表达，内容通俗易懂、趣味性强的欢迎辞风格，这样易于被大多数旅游者接受，能够拉近与旅游者的心理距离。

按职业划分，除了教师团队、公务员团队、农民团队外，还有其他职业类型的旅游团队。导游应充分了解所接团队的类型、特征，正确着装，使用恰当的欢迎辞，给旅游者留下良好的第一印象，做好针对性服务。分析旅游者的一般心理需求和行为特点，接待前的心理预测应尽可能做得细致而全面，从而为制定接待计划提供有效而重要的参考依据。

二、导游服务心理策略

1. 做好接团前的心理准备

导游在接受导游任务后，除了做好必要的物质准备工作，如认真查阅接待计划及相关资料，了解所接旅游团的全面情况，注意掌握该团重点旅游者情况和该团的特点，以及相关的语言知识和形象准备之外，还应做好相应的心理准备工作。

2. 树立良好的个人形象

（1）服饰端庄舒适

导游的着装要符合本地区、本民族的着装习惯和导游的身份，衣着大方、整齐、得体、简洁，要方便导游服务工作；佩戴首饰要适度，化妆和发型要适合个人的身体特征和身份，并与之追求的风格和谐统一，不浓妆艳抹，不用味道太浓的香水，要尽量避免让人用“太”字来评价自己的衣着打扮，不要因为自己太光彩而夺取了客人的风采，也不要衣冠不整而让旅游者对你丧失信心；上团时应将导游证佩戴在正确位置。

（2）谈吐亲切文雅

导游亲切文雅的谈吐能够很好地满足旅游者自尊心理的需求，有效地消除旅游者在旅游初期极易出现的陌生感和紧张感，缩短导游与旅游者之间的情感距离，也能增进导游与旅游者的相互理解。

（3）态度和蔼可亲

和蔼可亲的态度对于做好旅游服务工作具有十分重要的心理作用，导游同样也应以良好的服务态度对待每一位旅游者，为他们提供友善、热情和积极的服务。对每一位旅游者，导游应不分其种族、国籍、民族、宗教信仰、贫富，一视同仁，以礼待人；应尊重旅游者的民族习俗和宗教信仰，不损害其民族尊严。

知识链接

导游人员提供心理服务的方法

1. 营造尊重氛围。导游在接待旅游者时，应不论旅游者的肤色、宗教信仰、个人收入以及消费水平的高低，一视同仁地尊重他们。特别是对于那些出游的主要目的就是为了抬升自身的社会地位、寻求社会尊重的旅游者来说，尊重氛围的营造显得更为重要。

2. 保持微笑服务。对于导游来说，真诚而愉快的微笑就是他们很好的欢迎辞，是友谊的象征，也是信赖之本，是尊重对方的示意，是情感沟通的桥梁，也是美的象征。

3. 协调客我关系。导游与旅游者之间关系的协调非常重要。协调客我关系的关键是导游必须尊重旅游者，并以此来赢得旅游者的尊重。

4. 提供个性化服务。个性化服务是指导游在做好旅行社接待计划要求的各项规范化服务的同时，针对旅游者的个别要求而提供的服务。个性化服务是一种建立在理解人、体贴人基础上的富有人情味的服务。

3．预测旅游者的心理

实践证明，导游在接待前预测旅游者的心理是非常必要的，也是做好迎客服务工作的重要依据。导游应根据旅游者的基本情况，如年龄、性别、国籍、民族和职业等，分析旅游者的一般心理需求和行为特点，接待前的心理预测应尽可能做得细致而全面，从而为制定接待计划和安排导游日程提供有效而重要的参考依据。

4．激发旅游者的兴趣

导游应善于调整旅游者的情绪，激发其游兴。旅游期间，旅游者往往处于既兴奋又紧张的状态之中。紧张感容易使旅游者疲劳，影响游兴，而兴奋感则促使他们随导游去探新猎奇、寻觅美好的事物。导游应学会激发旅游者的游兴，让旅游者有不虚此行的感觉。

5．调节旅游者的情绪

一般来说，当客观现实符合人的需要时就会产生积极的情绪；反之，人们就会产生忧伤甚至是恐惧等消极的情绪。作为导游，应努力成为旅游者情绪的组织者和调节者，尽可能满足旅游者的需要，使每一位旅游者的情绪都能一直处于积极的状态之中，从而保证旅游活动的顺利进行。

6．满足旅游者的需求

尽最大可能满足旅游者的需求是导游服务的基本原则，贯穿于导游服务的始终。如果旅游者提出的个别要求是合理的，并且经过努力是可以办到的，导游就应努力满足旅游者的要求。满足旅游者的各项合理要求是导游服务工作的一个重要方面，为了更好地满足旅游者的各种需求，导游在为旅游者提供优质服务时，应随时关心旅游者，了解他们的个别需求，将规范化服务和个性化服务结合起来，做到在“合理而可能”的情况下既满足旅游者的一般需求，又在此基础上满足其个别要求，以提高旅游者的整体满意度。

课堂讨论

● 导游人员应如何分析旅游者的类型并掌握旅游者的心理需求？是否所有旅游者的需求导游人员都必须满足？

第二节　饭店服务心理

引导案例

李先生到某地出差，预订了一家饭店，原定8月15日晚8：00坐飞机到达，但由于飞机晚点，到达饭店时已是次日零点30分。

8月17日上午9：00，王先生临走结账时有些疑惑：前一天零点30分住进饭店该算1天还是2天的房费？

李先生打电话询问了前厅服务员，服务员毫不犹豫地回答：“当然算2天。”客人感到纳闷，于是又打电话给该市相关的职能部门进行咨询，得到的结果是：没有遇到过这种情况，让其与饭店协商，看是否能算一天半。

于是，李先生到前厅收银处退房时，便询问收银员算一天半行不行，收银员理直气壮地说：“不行！零点以后住进饭店，到了上午要打扫一次客房，到了第二天上午又要打扫一次客房，所以，必须算2天。”

然而，掏钱的李先生却不理解：零点30分住进饭店，到底该算8月15日还是算8月16日入住？假如算8月16日入住，那么住1天怎能收2天的钱呢？假如算8月15日入住，那么新的一天究竟是不是从零点开始呢？

思考：李先生为什么会有疑惑？他的疑惑说明了什么？

点评：旅游者在购买一个商品和服务时，总会存在怕“宰”，怕“欺生”的心理。经营者对商品的价格或服务内容应明码标示，以消除旅游者怕“宰”和“敬畏”心理；服务人员与旅游者的沟通交流也应讲究技巧，以减轻旅游者怕“宰”的担心。因此，掌握旅游者的心理活动，有助于为旅游者提供优质服务，同时也可以减少旅游者对饭店的投诉。

一、旅游者对饭店服务的心理需求

饭店是旅游业的三大支柱产业之一，是旅游者在旅游目的地一切活动的基地。饭店具有三个核心部门——前厅、客房、餐厅，这三个核心部门所出售产品的主要内容是以实物和服务为基础的。在人们生活水平迅猛提高的今天，旅游者的心理需求也随之发生了转变，现代旅游者的需求不再只是简单的物质需求，而更注重的是精神上的需求。因此，饭店从业人员必须了解和研究旅游者的心理需求，这在服务接待过程中具有举足轻重的作用。

1. 前厅服务心理需求

前厅部是饭店的首要部门，是饭店迎送客人，即带给客人第一印象和最后印象的地方。从心理学角度看，第一印象往往具有先入为主的作用，旅游者总是带着第一印象来评价一个饭店的服务质量；而最后印象在旅游者的脑海里停留的时间最长，留下的记忆最为深刻。所以，前厅是赢得旅游者好感的重要阵地，前厅服务质量的高低是衡量饭店“满意程度”的重要指标。旅游者入住酒店时，在前厅的心理需求一般可归纳为以下几个方面。

（1）服务快捷的心理需求

入住饭店的旅游者一般来自异国他乡，对饭店所在地的情况比较陌生，需要饭店为其提供各种信息，因此，方便快捷的信息服务就成为旅游者此时生理和心理上的主导需要。例如，及时向旅游者传递饭店内部的服务项目、设施、时间、收费及饭店所在地有关旅游景点、商务联系、交通状况、饮食特点等方面的信息，前厅部就是为旅游者提供信息服务的主要场所。旅游者接受第一项服务时如感到处处方便，在心理上就能得到安慰，产生方便和踏实感。

知识链接

金海湾大酒店的“十二快服务”

五星级的汕头金海湾大酒店注意通过时间特性来反映服务质量，推出了充分体现服务效率的“十二快服务”：

（1）开房快：3 分钟；

（2）结账快：3 分钟；

（3）接听电话快：2 声铃响；

（4）餐厅的第一道菜上得快：5 分钟；

（5）客房急修快：5 分钟处理好小问题，大问题尽快处理；

（6）客房送餐快：10 分钟；

（7）客房传呼快：2 分钟；

（8）行李送房快：5 分钟；

（9）请示反应快：3 分钟；

（10）投诉处理快：10 分钟；

（11）回答询问快：立即；

（12）部门协调快：2 小时之内。

（2）价格求公道的心理需求

饭店里同一种类型的客房常因季节、合同关系等不同而有不同的价格，如市面价、团队价、淡季价、旺季价、商务合同价等，甚至还会因楼层、朝向的不同而不同。旅游者在租住客房时总是希望物有所值或超值。饭店的明码标价、接待员的报价艺术及接待过程，是构成旅游者消费心理的主要因素。上述案例中，房租起算时间是导致王先生疑惑的根源。

根据《中国旅游饭店行业规范》第十条规定：“饭店客房收费以‘间 / 夜’为计算单位，钟点房除外。按客人住一‘间 / 夜’计收一天房费，次日 12 时以后、18 时以前办理退房手续者，饭店可以加收半天房费；次日 18 时以后退房者，饭店可以加收一天房费。”但是，这一行规由于没有对凌晨入住的时间进行明确规定，致使不少消费者产生困惑。

知识链接

国内部分酒店入住时间标准的计算方法

按国家规定入住时间：14：00 至次日 12：00 为一个入住周期。

平时预订房间：保留时间至当天下午 18：00，超过时间，酒店方可取消客人预订，将房间另售。

合约客户在下午 14：00 之前退房是不收费的；如果是散客，在 12：00 之后，18：00 以前退房则需收取半天房费，超过 18：00 则收一天的房费。

（3）环境舒适、独特的心理需求

前厅是饭店的形象代表。饭店前厅的环境是影响旅游者对饭店总体评价的关键因素。文化氛围浓郁的前厅环境会给人一种高品位的感受，例如，古香古色、中国民族风格的建筑配以不同格调的艺术品及错落有致的花卉点缀，服务员穿着相应的民族服饰打扮，大厅里不时传来若即若离、优雅的民族乐曲，旅游者踏入大厅后，自然会产生赏心悦目、心情舒畅之感，进而达到精神上的享受。

（4）人格尊重的心理需求

尊重需求是人类较高层次的需求。人只有受到尊重，才能在心理上产生自豪感和满足感。所谓“旅游者至上”，就是针对旅游者求尊重的需求提出的。旅游者不仅需要受到来自服务人员的尊重，还要求接待服务公平，即不因社会地位、经济地位以及种族肤色的不同而不同。只有当不同身份的旅游者在接待上、价格上或其他任何一种形式的服务上被认为是公平的，旅游者才会取得心理上的平衡，其求尊重的需求才能被满足。旅游者求尊重的需求是强烈的、敏感的，不仅如此，它也是人际交往中的一项基本准则。在前厅接待服务中，只有互相尊重，一视同仁，才有彼此建立情感的可能。

2. 客房服务心理需求

客房是旅游者在旅途中的“家”，是旅游者逗留时间最长的地方，因此，客房服务工作是体现饭店服务水准的一个重要窗口。旅游者的需求千差万别，既有共性又有个性，只有研究旅游者的心理需求，才能满足旅游者的消费心理需求。只有满足了旅游者对客房千差万别的心理需求，才能做好客房服务接待工作。

旅游者入住饭店后，对客房的心理需求一般可归纳为以下几个方面。

（1）客房卫生、清洁的心理需求

清洁、卫生是现代文明的标志，是每一位旅游者都十分关切和重视的基本需求，也是旅游者对客房的第一心理需求，关系到人的身体健康，更具有精神、审美的意义。美国康奈尔大学饭店管理学院对三万名旅游者的调查获悉：60% 的人把清洁列为第一需求。饭店环境不整洁，用具不洁，尤其是毛巾、被褥、口杯、浴缸等直接接触身体的用具不洁，将使旅游者产生厌恶、愤怒的情绪，严重损害旅游者的身心健康。

（2）服务方便、宾至如归、个性化的心理需求

1）服务方便。旅游者选择饭店时考虑的一个重要因素即是方便，如饭店的地理位置是否交通便利，饭店的设施设备是否适合自己的需要，饭店的服务项目是否能满足生活和工作需要等。当然，随着社会的发展，旅游者对方便的要求会越来越多，涉及的面也会越来越广。例如，浴室里的化妆镜、吹风机、小电视、代客洗衣、商务设备以及代购车、船、机票等服务项目。旅游者在饭店内生活方便，心理上就会产生舒适和愉快的感觉，从而消除因旅途劳累或陌生环境造成的不安、烦躁情绪等。

2）宾至如归。一个人离开熟悉的环境，来到一个人地两生、举目无亲的地方，孤

独感就会油然而生。此时，最能令旅游者满意的，莫过于热情的服务，给旅游者以“家庭般的温暖”，旅游者身体不适和不顺心的时候更是如此。所以，服务人员主动热情、亲切礼貌的服务，会给旅游者一种温馨的感觉。

广州白天鹅宾馆之所以在国际和国内享有很高的声誉，其主要原因就是服务的尽善尽美和浓厚的人情味。入住饭店的旅游者不管走到哪里，都会享受到服务员热情的服务；只要住上半天，服务员就能叫出他的名字，感觉像家里人一样亲切。宾馆对旅游者的关心，甚至细微到连他们的爱好、习惯、生日都了解得清清楚楚；各种用品样样具备，使旅游者消除了离家的陌生感，产生“宾至如归”的亲切感。

3）个性化。21 世纪是崇尚个性的时代，各种各样的消费品都已改头换面，客房从整齐划一向品味各异发展，以满足消费者深层次的“个性”需求，使旅游者得到自我实现的满足。饭店产品属于高消费产品，在设计上更应注重旅游者的这一精神需求，以便更深层次地关怀人、尊重人，从而体现出饭店产品本身的个性。

（3）私密性、安全性、平衡性的心理需求

客房是旅游者在饭店的私人领域，客房业务对私密性与安全性的要求很高，未经旅游者同意，服务人员不得随意进入客房，尽量不要打扰旅游者；服务人员在客房内不能随意移动、翻看旅游者的物品，应尊重旅游者的隐私权。

安全是旅游者进行旅游活动的前提条件，也是旅游者最基本的需求。作为旅游者在旅途中的投宿场所，每一个饭店都必须确保客房安全，为旅游者提供一个安全和舒适的私密空间。

求平衡是人们交往中的一种心理状态，处于平衡状态时人会感觉心情愉快舒适，否则会通过各种途径求得平衡。在旅游消费过程中，旅游者也需要保持必要的心理平衡，借此获得社会的尊重，并体现自我的尊严或体现自己的社会地位。所以旅游者都希望能在整个消费过程中，获得轻松、愉快的享受，借此来舒缓日常生活中的压力。

知识链接

目前，许多饭店为满足旅游者求安全的心理，要求做到：

- 设有贵重物品保管服务以及在客房中设有供住客使用的私人保险箱。
- 服务员需要提高警惕，配合保安人员防止不法分子进入客房偷窃旅游者的物品。
- 服务员在收拾房间时，不能乱动旅游者的物品，除丢在废纸篓里边的东西外，不能随便扔掉旅游者的东西，以免发生误会。
- 在旅游者喝醉酒时，服务员一定要采取合理措施，不能将他关进房间里了事，否则如果旅游者在不太清醒的状态下躺到盛满水的浴缸里，就有可能出现生命危险。

● 当发现有病人时，一定不要自作主张给旅游者吃药，要和饭店医务室的医生联系，或请示上级，送旅游者到附近的医院治疗。

● 在发生火灾、地震等突发事件时，一定要先为旅游者着想，想办法将旅游者转移到安全的地方，保证旅游者的生命安全。

● 为满足旅游者求安全的心理，饭店的服务人员不应随便向外人泄露旅游者的情况，以免发生意外。

（4）环境舒适、安静的心理需求

饭店主要是旅游者的休息场所，作为旅游者的家外之“家”，应创造舒适、安静的环境和条件。如果饭店噪声很大，旅游者休息不好，就会导致旅游者的不良心态，影响旅游者的情绪。

一般来说，客房的噪声或对旅游者的干扰主要有以下四个方面：一是环境噪声较大而饭店客房的隔音措施不佳所引起的干扰；二是服务工作不当所引起的干扰，如服务员进房时机不当等；三是客房设备不良所产生的噪声等；四是旅游者之间的互相干扰，如深夜电视机音量过大、在房间内大声说笑等。所以，要使旅游者有一个安静的休息环境，就必须注意采取有效的隔音措施，制定科学的客房服务规程，并加强对旅游者的有效控制，尽可能减少各种噪声和干扰。

3．餐厅服务心理需求

按照马斯洛理论，餐饮消费者的需要可依次表达为：“吃饱和吃好”“吃得放心”“吃出感情”“吃出尊重”和“吃出人生价值”。餐饮服务人员要善于识别旅游者的需要，并用相应的服务手段来满足这些需要。

（1）求“吃饱和吃好”的心理需求

吃饱和吃好是旅游者最基本的生理需要。餐饮要满足旅游者吃饱、吃好的需要，就要做到“丰、廉、味”。“丰”就是数量充足，让旅游者吃饱；“廉”就是让旅游者感觉价格合理、公道；“味”则是指让旅游者吃好，获得生理上的享受。

1）吃饱。吃饱是旅游者最基本的需要。对一个人来说，一日三餐，不管在哪里吃，填饱肚子是首要的“任务”。餐厅的基本功能就是充饥，像早餐、学生午餐、工作午餐、自助餐等餐饮行业，特别要研究让旅游者吃饱的问题。最便捷的解决方式就是在食品的数量、包装上下功夫。例如，对所售食品数量的介绍，最好“精细”，而不要“模糊”；食品、餐具和包装的规格、形状的设计，应让旅游者感觉数量充足。由于旅游者比较容易判断食品的数量与价格之间的关系，因此，满足吃饱需要的行业，在定价以及处理定价与数量之间的关系时，要让旅游者感觉数量与价格之间是相“吻合”的。

2）吃好。吃好也是基本的生理需要。所谓吃好，是指在食品的色、香、味上给旅游者以生理上的享受。满足旅游者吃好的需要，是所有餐饮服务的共同任务。食品的质量是吃好的关键。由于旅游者事先难以判断食品质量的优劣，因此，餐厅满足旅游者吃好需要的服务或质量，关键在于第一次要让旅游者吃好和不断保持质量。因为旅游者第一次吃不好，就不会再来吃，食品质量不稳定，也会赶走回头客。只有满足了旅游者吃饱的需要，才谈得上吃好的问题。

（2）求“吃得放心”的心理需求

吃喝是旅游者对餐饮的基本需要，但并不是唯一的需要。从旅游者心理讲，餐饮还要满足他们安全的需要。

1）人身安全。餐饮业要保证旅游者的人身安全，包括酒店、饮食店的建筑质量和装修质量应符合相应的国家标准，安全设备及设施应齐全；食品卫生应符合国家的卫生标准；饮食的营养结构要合理等。

知识链接

台湾的素食潮

20年前，台湾只有几家素食餐厅，而现在随着人们对健康饮食重视程度的不断提高，台湾的素食餐厅也越来越多，目前已有一万多家，其中也包括面馆自助餐，大的素食餐厅有几千家。大小餐馆各有各的特色和不同层次的消费对象，想要方便快捷，可以选择小餐厅和自助店；想要体面，可以选择大的素食餐厅。

目前，台湾有2 000多万人口，真正吃素食的人口有10%，能够接受素食的有20%，初一、十五吃素的人也有50%。在台湾的荤菜餐厅，如果不提供素斋，就很少有人去订餐。如果要订50桌餐，就要有2桌素斋，提供给吃素的人。如果一起吃饭的朋友中有一两个吃素的，一般都会到素菜餐厅吃饭。素食在台湾很流行，而且大大小小的餐厅都有素斋。

2）心理安全。在保证旅游者人身安全的基础上还要保障旅游者的心理安全，不可以搞“不透明营销服务”等。现在，有些餐馆、饭店“标价不明码”，即只标明一盘菜的价格，而故意不说数量、规格、品种等，殊不知这种“不透明”营销服务必然引起旅游者的担心和怀疑。所以，有价格欺诈嫌疑的餐饮店会在心理上给人一种不安全感。近年来，旅游者在外出就餐上所花的费用日益增高，一些大中型酒店酒水价格明显虚高，而这些高价的酒水却都算在来酒店吃饭的消费者头上，这在一定程度上影响了旅游者消费的安全感，尤其是外出的旅游者，怀着满腔热情到一个新环境，品尝旅游地特有的风味食品，虚高的价格却使他们望而却步。

保障旅游者的心理安全还包括保障心理健康。现在，有些餐馆、酒店为了吸引旅游者而引进了文艺表演，这些表演内容健康与否也直接影响着旅游者的心理健康。如果文艺表演中含有色情表演等不健康内容，那旅游者的安全感就会荡然无存。

（3）求“吃出感情”的心理需求

餐饮服务还要让旅游者“吃出”感情，也就是满足旅游者社会交往方面的需要。例如，上海新亚大酒店通过观察发现，旅游者吃早茶不单是埋头吃，更重要的是利用早茶增强家庭气氛，交流社会信息，发展友谊和商务关系，因而针对这种需要，推出了大众化早茶并增加了品种，以吸引更多的“交际客”。又如，广州的一些酒家针对广州人喜欢利用下午休息时间去餐馆、茶馆联络感情的特点，推出了“下午茶”，而且很受欢迎。

（4）求“吃出尊重”的心理需求

1）尊重旅游者的自主意愿。尊重旅游者就要尊重旅游者自主选择的权利。例如，现在餐厅推出的自助餐、自助火锅、自点厨师等服务方式都是为了尊重旅游者的自主意愿。

2）不嫌贫爱富。人，不分穷富，都有自尊心，都不愿意被人看不起。对饭店来说，来者都是客，都应尊重，绝不能看人下菜碟，嫌贫爱富，尤其是大酒店、名酒店更需要尊重人。因为旅游者进大酒店、名酒店，很大程度上是出于对大酒店、名酒店的尊重，而尊重是相互的，大酒店、名酒店也应当尊重每一位旅游者。有的餐馆在招牌上、菜单上写上“丰俭由人”的口号，无疑是宣扬自己“贫富均等”的经营理念。

3）尊重老弱病残。尊重旅游者，还特别要尊重老弱病残。如上海五芳斋饭店常年重视为社区孤老服务，受到社会好评。又如，广州流花阁餐馆设有专门为残疾人服务的餐厅，并且招聘一部分残疾人担任这个餐厅的服务员。残疾人为残疾人服务，能更好地起到尊重旅游者的作用。

二、饭店服务心理对策

1．设计饭店的产品和服务

设计饭店的产品和服务时，可以从以下几个方面加以考虑，以满足旅游者的需要。

（1）做好清洁卫生、安全工作

旅游者之所以选择某个饭店，在很大程度上取决于饭店的清洁卫生状况。而且，随着现代人生活水平的日益提高，人们对卫生程度的要求越来越高。2003年春季“非典”流行期间，旅游者对酒店卫生状况的重视程度达到了空前的高度，那些没有经过严格消毒的酒店，是没有旅游者问津的。只有当旅游者处于一个完全清洁卫生的环境中时，才会产生一种安全感和舒适感，才会放下心来专心品尝美味佳肴或好好地休息。因此，无论是高级酒店还是一般的小饭店，都应当把清洁卫生当作饭店的头等大事，从设施设备、用具、食品原料、空间环境、人员卫生等方面加强管理，保证旅游者的卫生安全。

1）环境、设施安全。在酒店建筑设计时要充分考虑，选择对旅游者身体无害的材料和装饰物，以保证空气清新、健康。在每天营业前要做好各项清洁卫生工作，保证饭店各个角落的清洁卫生。对人流较多、旅游者集中的公共区域更要加强卫生管理的控制。例如，旅游者进出最多的大堂，又是酒店的门面，那么清洁人员就需要来回不停地进行观察、清洁整理；休息区的烟缸内烟头不得超过两个；旅游者坐过的沙发、看过的书报要及时整理，保持大堂的整洁。同时，洗手间也是客人最为关注的地方，清洁人员应认真地进行刷洗、消毒，保证旅游者使用时卫生安全。

2）食品卫生安全。在食品饮料的制作过程中，卫生问题更为重要，因为这些东西是直接入口的。原料的采购、洗涤、切配、初加工、成品制作、器皿选择、装盘、运送等每一个环节都要保证清洁卫生。目前，在很多餐厅出现了“透明厨房”，菜肴的所有制作过程旅游者都可以非常清楚地观察到，真正做到了“看得清楚，吃得放心。”

3）员工行业素质。酒店的清洁卫生是由人创造和保持的，所以从业人员的清洁卫生状况就是一面镜子，直接反映饭店的基本卫生状况。为了保证旅游者的利益，卫生安全应当首先从员工做起，上班要统一着装，而且要保持清洁，常洗常换，不得有油污等不洁之处；服务人员要勤洗头、洗澡，勤剪指甲，保持面部、手部及口腔的清洁卫生，上班前不吃有异味的食物。在进行服务的过程中，注意操作的清洁卫生。例如，在客房服务中，不得将撤换下来的床上用品用来擦洗卫生间的地面、浴缸等；对于客用杯具一定要严格认真地消毒，不得随便冲洗几下便放入有消毒标志的包装袋，这些行为都是对旅游者的卫生安全极不负责任的，也是违反酒店的标准和规定的。同时，作为酒店从业人员还要保证自身没有传染性疾病，要定期到医院进行体验，发现有传染性疾病的不得从事酒店服务工作。

（2）保持环境安静、舒适、优美

酒店一直被认为是“小社会”“联合国”，它为人们提供一个不受外界干扰的空间，旅游者可在此得到充分的休息和放松，所以饭店内部及外部空间是否安静、舒适、优美对旅游者来说是至关重要的。现在，很多酒店为了吸引旅游者，在建设初期便预留出大片空间和范围作为酒店的绿化或装饰布置用地，其目的就是让旅游者在宽敞的空间中感觉到悠闲、惬意、放松，使旅游者从繁忙的工作中脱离出来，享受这难得的清静。而且，在酒店客房的设计中，非常明显地体现了安静舒适的要求。客房的面积越来越大，而且隔音效果好，使旅游者可以在此得到放松身心的美好享受。另外，在客房服务中，也充分考虑了旅游者的生活习惯，整理房间的时候要考虑到旅游者的方便程度，这些人性化的做法是对旅游者心理需要的极大满足。

在餐厅的设计中，环境因素也值得考虑。因为旅游者的消费是在一定的空间内进行的，而且这些空间环境对旅游者的就餐情绪影响很大。优美的环境犹如锦上添花，让旅游者在品尝美味佳肴时可以欣赏周围美好的景致。

（3）提供方便快捷、高效的服务

旅游者希望酒店提供的各项服务设施都是方便易用的，这样可以让旅游者轻而易举地掌握设施、设备的使用方法，不致发生意外伤害事故。例如，有些酒店沐浴设备的开关过于复杂，导致旅游者使用错误而被烫伤，产生了不必要的麻烦。在这种情况下，酒店应详细地向旅游者说明设施、设备的使用方法或现场演示，增强旅游者的感性认识。

通常，旅游者都不希望花过多的时间等候。所以，如何在有限的时间内提高工作效率，办理或提供旅游者所需要的产品或服务项目是减少旅游者投诉，提高旅游者满意度的有效法宝。为了节省旅游者的时间，酒店开辟的商务楼层可直接为商务旅游者办理各种手续，免去了商务旅游者的等候之苦。为旅游者节约时间，其实也是为酒店节约时间，节约成本。

（4）做到主动热情、耐心周到

旅游者在酒店消费的需要是多种多样的，服务人员真诚、热心的接待，时时处处为旅游者着想的细节可以让旅游者感受到极大的欢迎和被尊重。

主动热情、耐心周到是对服务态度的基本要求，服务人员对前来酒店的每一位旅游者都应当发自内心地欢迎和感谢。当旅游者进入酒店服务区后，服务人员应当热情相迎、主动问候，引领旅游者到相应服务区办理手续，消除旅游者的紧张心理，使旅游者产生“宾至如归”的亲切感。当然，任何事情都要把握好“尺度”，不要过头，否则会让旅游者感到不舒服、不自在。所以，主动热情要在旅游者能够接受、愿意接受的范围内进行，而不能忽视旅游者的主观感受。当旅游者对服务人员过分热情的服务态度表示不满或厌恶时，应当及时采取措施，弥补旅游者心理上的不悦。

服务人员要学会善于观察旅游者的一言一行，从中判断旅游者的需要，提供周到的服务。例如，在某酒店的客房服务中，服务人员在整理房间时发现旅游者饮用的是自己带的红茶，酒店免费提供的绿茶却没有动。第二天在整理房间时，便换上了红茶。一个小小的服务调整，让旅游者感到非常的意外和惊喜。

此外，当旅游者对酒店的服务或管理提出不同意见时，服务人员应当耐心听取，认真记录，而不能同旅游者辩解，只有充分的耐心与细心才能做好酒店服务工作。

（5）严格遵守规范标准，并做到灵活变通

规范标准是保证酒店服务质量的根本，酒店制定各种服务程序、服务标准就是为了保证向旅游者提供统一的标准化服务。在酒店服务中，科学制定各项服务质量标准能够提高工作效率，明确指引服务人员的各项服务工作，让旅游者享受合乎要求的酒店产品或服务。

旅游者对酒店的需要是不尽相同的，同一服务对不同的旅游者产生的效果也是不一样的。所以，针对不同的旅游者，服务要讲究灵活性。例如，一位中年女士在入住酒店时，喜欢把铺得平整的沙发床垫掀在一边，然后直接睡在硬板床上，她觉得这样对身体有好处。第二天，服务员在整理房间时虽然觉得非常奇怪，但却不加考虑地又把床垫放回了床上。旅游者回来后又掀开，双方玩起了“游戏”。直到第三天，旅游者特意打电话到房务中心特别关照，服务员才免去此“劳苦”。从上述例子可以看出，如果服务人员稍用脑筋，多为旅游者想一下，灵活变通一下，就不会出现双方的“拉锯战”。所以，服务人员要善于做个“有心人”，多看多想，而不要局限于生搬硬套。

（6）做到以人为本、尊重为先

旅游者的需要是酒店开展各项服务与管理工作的中心，只有真正把旅游者的需要放在第一位，站在旅游者的角度去想问题，才能获得旅游者的认同，以人为本、尊重旅游者是饭店成功的基石。酒店所做的一切都应当是旅游者所需要的，包括空间的设计与装饰布置、服务方法、服务内容等，要让旅游者感觉到自己就是饭店的中心。

尊重体现在服务工作的方方面面，在人际交往中，尊重是第一原则，在对旅游者的称呼、问候、接待、交谈等各个细节中，都应把旅游者放在第一位。例如，在餐饮服务中，有的旅游者喜欢饮用干红葡萄酒时加入雪碧或冰块等，从专业的角度来说，这样就不能品尝出干红的真正味道。但是服务人员不能对旅游者的要求表示否定，表示不理解等。因为每个人都有自己的爱好，旅游者自己觉得好的就是最好的。服务人员可以在尊重旅游者的基础上给旅游者一定的建议，但是千万不能把自己的建议强加给旅游者。

（7）做到一视同仁、公平合理

对所有的旅游者一视同仁、公平合理也是旅游者对酒店服务的一个基本要求。只有当旅游者觉得他们在酒店中得到了同样的礼遇时，才会在心理上获得平衡，而不致产生被歧视、被冷漠和被欺骗的感觉。所以，对待生客、熟客以及消费不同的旅游者，服务人员都要保持良好的态度，不能有冷热亲疏之分。

当然，公平合理有时只能是相对的，如在酒店的房价中，就有合同价、门市价、会员价、商务价、政府价，甚至免费等不同的房价政策。酒店可以根据旅游者对酒店所做的贡献而给予旅游者不同的房价。事实上，旅游者希望的公平合理除价格因素外，更多地体现在对服务等软件上的需求。

需要总是受内外因素的影响而处于不断变化和发展中的，只有不断地探索和发现旅游者需要的新动向、新趋势，才能在服务工作中出奇制胜，让旅游者高兴而来，满意而归。

2．做好针对性服务

饭店的旅游者来自世界各地和社会各个阶层，由于他们的身份地位、宗教信仰、文化修养、兴趣爱好、生活习惯、社会习惯、社会背景等各不相同，因此，对饭店服务的要求也有所不同。在服务接待中，应了解旅游者的旅游动机、需要、个性特点等，从心理学的角度来探讨服务工作的方法，以便为他们提供具有针对性的优质服务。旅游者的类型可按旅游动机和客人个性特点来划分（见表 3—1 和表 3—2）。

表 3—1　　根据旅游动机划分的旅游者类型

旅游者类型	心理特点	服务方法
观光旅游型	以观光旅游为目的，要求吃好、玩好、住好，对自然风光、名胜古迹、风土人情感兴趣	做好叫醒服务工作；介绍自然风光、名胜古迹、风味餐馆和本地区的工艺美术品、土特产、旅游纪念品；做好洗烫衣服、冲洗胶卷等委托服务
商务型	以商贸洽谈为目的，生活水平较高、花钱大方，要求有先进的通信、商务设施和良好的环境及服务	推销高档的客房，房内有宽大的办公桌、明亮的灯光、齐全的文具用品、电脑、传真机；24 小时提供便利干洗熨烫服务；提供旅游指南，解决各种交通工具及订票业务
会议旅游型	以参加会议为目的，兼旅游。人数多，住店时间长，活动集中有规律	按照会议要求妥善安排好会议场地及物品；做好房间清扫工作；避免旅游者文件及资料丢失；建立旅游者饮食档案；介绍饭店各服务项目，提供旅游指南
蜜月旅游型	对风景名胜、风土人情、旅游纪念品感兴趣；房间内要求高，喜欢安静，不受干扰	提供蜜月客房；房内布置要温馨，赠送礼品，见面时讲祝福话；介绍优美风光游览点、旅游纪念品和风味餐馆的所有位置
休闲度假型	住店时间长，消费水平高，喜欢丰富多彩的娱乐项目，对当地的风土人情、地方风味特别感兴趣	提供优雅的环境；保证旅游者的人身财产安全；提供常规服务，服务灵活、主动

表 3—2　　根据旅游者个性特点划分的旅游者类型

旅游者类型	心理特点	服务方法
一般型	懂人情、讲礼貌，要求高质量、高效率的服务	接待方法按一般接待程序
开放型	以欧美国家为多，性格豪放，对任何事情都毫无保留地形于言表，但并不轻易听别人的话，较富裕	服务时可尽量满足其需要，和他们谈话要多听，不可随便答言。重要服务项目要在其情绪安定时再谈，便于接受
急性型	以大、中学生和年轻旅游者为多，性情急躁，动作迅速，生活马虎，服务要求高、效率高	谈话要简明扼要，弄清要求后很快完成，否则，容易使他们急躁冒火，引起抱怨，影响服务效果
啰嗦型	遇事啰嗦，好打听，难于下决心	服务时尽量避免和他长谈，否则，没完没了，影响工作。最忌和他们辩论

续表

旅游者类型	心理特点	服务方法
健谈型	喜欢聊天，天南海北，没完没了，似乎世界各地的事情他都知道	服务时不要追求好奇，听其海阔天空，但对正确的意见或建议要耐心听取
寡言型	言语不多，性格孤僻，一般有主见	服务时一定耐心听取他们的意见和要求，热情有礼，表示尊重，待明确其意图后，再按其要求保质保量完成服务工作
醉酒型	经常喝酒，每喝必醉，有的大吵大闹，有的乱吐乱扔，有的不省人事	在服务过程中，最好表现出不注意他，少和他交谈，也不要笑话他；如果发生醉酒，要根据不同情况区别对待；如果损坏家具，弄脏地毯，要做好记录，有的要保护好现场，待其酒醒后要求赔偿
贵妇型	追求新奇、豪华的事物，需要物质和精神享受	服务时推荐高级客房和高档商品，注意讲究礼貌；做好委托服务和客房用餐服务
社交型	交际多，见多识广，乐于谈论，善于辞令，老于世故	服务时注意言谈举止，平时不可和他们深谈；注意服务周到，以防发生意外，引起客人抱怨
排他型	不易和别人交往，个人观念很强，平时言语不多，但有主见，容易和别人发生矛盾，以满足自己需要为主要目的	服务员最好不要和他闲谈，尽量按他们的要求完成接待服务，注意他们和周围人的关系

课堂训练活动

- 服务语言训练：

目的：训练学生的语言能力。

操作：1. 请学生将一些常用服务接待语分别用疑问式、命令式、冷漠式、友好式及热情式等演示。

2. 请模拟旅游者的学生也同样以开放型、啰嗦型、急性型、健谈型、寡言型、醉酒型、社交型等方式来演示。

时间：20 分钟。

规则：两人一组，分别扮演员工及旅游者，再对调。

第三节　交通服务心理

引导案例

南京某旅行社承接了一个新疆旅游团赴南京旅游，导游小王作为该旅游团的南京地接，负责该团在南京及周边游览期间的具体安排。5月1日，这个新疆旅游团到达南京，5月4日游览计划基本结束，当晚旅游团入住南京大桥饭店，计划搭乘5月5日10点20分的航班，由南京禄口机场返回新疆乌鲁木齐。对于在南京几天的游览，旅游者都很满意。5月5日早上8时27分，小王开始和饭店结账，旅行社获知旅游者此时还没离开饭店时，显得十分着急，但小王却称时间来得及。结完账后，小王匆匆带着旅游者上路，由于正值上班高峰，赶到机场时，飞机虽未起飞但已停止检票，不愿看到的事故果然发生了，20名新疆旅游者被滞留南京。旅游者万分焦急，认为耽误了他们很多的事情，严重影响了他们南京之行的质量，甚至觉得这次旅行很糟糕，要求旅行社赔偿相关费用并投诉了旅行社。

思考：案例中，旅游者本来对游览行程都很满意，为什么只因为误机这一事件而否定了本次旅行。旅游者反应如此强烈的原因是什么呢？通过分析上述案例，可以了解到旅游者对旅游交通服务的哪些心理需求？

点评：本案例中，导游小王应考虑到可能堵车的因素，留出足够去机场的时间，让旅游者顺利登机离开本地。只有掌握了旅游者的旅游交通心理需求，才能让旅游者乘兴而来，满意而归。所以导游必须要了解旅游者对旅游交通的心理需求，并在此基础上做好旅游交通服务。

一、旅游者对旅游交通服务的心理需求

旅游交通是指交通中服务于旅游业的那一部分。旅游交通服务是为旅游者提供“行”的服务，是旅游者实现空间转移的过程，也是旅游活动的首要环节。交通是人们外出旅游最关心的问题，旅游者的旅行计划能否如愿以偿，首先取决于旅游交通。交通是否方便，也是旅游景区（点）接待旅游者数量多少的先决条件。近年来，特别是旅游旺季，旅游者“进不去、出不来”的情况时有发生。

旅游与旅游交通密切相关，没有发达的旅游交通就不可能有发达的旅游业。在旅游

者的游览活动中，旅行是手段，游览是目的。因此，旅游者在旅游过程中对旅游交通服务具有求安全，求快捷，求方便，求舒适，求价廉和多样化等心理需求。

1. 求安全的心理需求

安全是旅游活动的前提。马斯洛的“需要层次理论”中提到，安全需要是人们最基本的一种心理需要。旅游者对旅游交通服务也具有安全的心理需求，而且是最为关注的首要需求。旅游者对人身与财物的安全需求，在旅行途中表现得最为突出，旅游者期望“一路平安”，不希望发生任何事故。安全是旅游活动的前提条件，因为只有在安全的保障下，旅游者才能乐在其中；只有被认为是安全的旅游交通服务，才能消除旅游者紧张不安的心理。因此，旅游交通只有在确保旅游者安全的前提下，才能构成有效的服务。

知识链接

提供安全的交通服务的主要体现

1. 交通工具方面

现代旅游要求提供的交通工具在性能和质量上都要安全稳妥。为旅游者提供的旅游交通工具，应当符合国家规定的质量标准，具备客运资质和完备的保险手续。如果是旅行社外租的车辆，旅行社与车辆所属单位订立的租赁合同中应该含有安全责任条款。

2. 旅游司机方面

（1）司机身体因素。旅行社应强化旅游司机的交通安全意识，保证让司机得到足够的休息时间。严禁司机疲劳驾驶，酒后驾驶。

（2）司机心理因素。交通心理学研究认为，相对于技术因素，人的心理状态对交通安全隐患的影响更大。司机争强好胜的超越心理，赶时间的急切心理，生活压力所带来的急躁、烦恼、愤怒的情绪，以及一些无意识驾车的心理状态都比较容易造成交通事故。人们往往更注重驾驶员的技术和对交通规则的遵守，而忽略了心理因素的作用。所以在旅游交通过程中，导游要注意观察司机的状态，并进行恰当合理的安全驾驶引导。

3. 特殊情况方面

（1）一些险要道路、桥梁、山路、护坡等交通道路情况复杂，隐患较多，要特别注意此类路段的安全提示，导游要提醒司机谨慎驾驶。

（2）要及时掌握大风、降雪、雾天、雨天等恶劣天气情况，防患于未然，主动采取措施提高安全保障能力。

除了保证旅游者的人身安全外，导游还要做好对旅游者的财物安全提醒，协助旅游者看管好其随身携带的行李。当车辆经过颠簸和路况较差的路段时，导游应提醒全团旅游者扶稳坐好等。

2．求准时、快捷的心理需求

交通工具要准时、快捷，是一般旅游者对旅游交通最普遍、最常见的心理需求。旅游者外出旅游，往往是按照所购买车、船票的时间来计划活动内容，准时可以保证旅游者整个旅游活动以及生活和工作的正常节奏，否则便会使旅游者感到不安，并引起实际生活和工作中的不便。

旅游是人们利用闲暇时间参与的一项活动，因此，旅游者都希望尽快到达目的地，将有限的闲暇时间更多地用于游览，而不愿把时间浪费在旅途之中。这是由于，一方面，旅游者认为旅途用去的时间是无意义的，感觉枯燥乏味，且肌体容易疲劳；另一方面，由于旅游者对于感兴趣的目的地抱有迫切渴望的心情，因此会产生时间错觉，觉得时间过得很慢而产生心急如焚的感觉。针对旅游者“旅宜快”的心理需求，旅游交通部门要努力做到“准点运行”，旅行社也要做好配合工作。旅游交通路线的布局也要贯彻“节约时间”的原则，尽量做到以最短的行程、最快的速度安全到达旅游目的地。

3．求方便的心理需求

求方便也是旅游者对旅游交通服务的心理需求。在目前的大众旅游时代，“受些辛苦，去饱眼福”的旅游观念已不复存在，现代人旅游追求更多的是快乐和享受，这不仅反映在“游”上，也反映在“旅”上。旅游者希望景区交通部门能为他们提供方便、舒适的旅游交通服务。如旅游者希望能减少旅行过程中交通工具的换乘和等待时间，希望景区内配备专门的观光车，希望上山时有索道等。

4．求舒适的心理需求

旅游是一种高层次、全方位的审美活动，投入的是时间和财力，收获的是精神上多层次、多方面的享受。旅游者在旅游活动中的消费属于享受性消费，因此，在安全第一和经济条件许可的情况下，旅游者总是会追求旅途的舒适，希望得到热情周到的旅行生活服务。所以，现代化交通工具的设计都非常重视旅游者对舒适的需求心理，例如，车、船、飞机等都装有空调，座椅也逐渐改进为坐、躺两用式，汽车都有减振、隔噪声装置等。旅游者对交通工具上卫生设施与服务条件的要求比一般公共交通工具上的要求要高，希望乘坐的交通工具外部洁净，内部无异味、无蚊蝇、无痰迹、无杂物。

5．求价廉和多样化的心理需求

不论经济收入高还是低，旅游者都希望旅游交通部门能够提供更多可供选择的旅行工具和价格。例如，计划乘坐飞机，旅行前旅游者会对不同航空公司的价格进行比较，并选择价廉的航空公司；即使是同一家航空公司，他们也会尽量选择有优惠的票价（如淡季票价会下降，寒暑假对师生有特别优惠等），以节省旅游交通费用。另外，旅游者构成上的多元性也决定了旅游者对旅游交通服务的多样性要求。在旅游活动中，使用车、船、飞机等各类交通工具，就是为了满足不同旅游者对旅游交通服务的心理需求。

二、旅游交通服务的心理对策

1. 选择与旅游地相适应的旅游交通工具，以保证旅游者的人身安全

安全永远是人最基本的需求之一，安全也是旅游交通的生命线，是旅游交通服务最基本的工作，是旅游活动的前提条件。只有被认为是安全的，人们才敢“旅”，才敢“游”，才乐于前往。

人们外出旅游，不管选择哪一种旅行方式，对旅游交通的首要需求都是安全，因此，旅游交通工作最重要的一环是确保旅游者安全，要采取一切有效的措施，防止交通事故的发生。因为一次“空难”在人们心理上留下的阴影，少则几个月，多则3～5年才能逐渐消退。交通事故的发生，不仅会给当事人及其亲属带来灾难、恐惧，对周围其他人也会产生较大的影响，使人们每次出游时都会顾虑重重，甚至为此放弃某些旅游计划，因而给整个旅游业造成巨大损失。

交通工具在运行过程中往往要受机械故障、技术事故以及自然灾害等因素的影响，存在着发生各种交通事故的可能性。在确保旅游者生命财产安全、便于观赏和乘坐舒适的前提下，选择与旅游地相适应的交通工具时，还要加强对司乘人员的安全教育，通过多种渠道向旅游者宣传旅行安全常识。

2. 选择快速的旅游交通工具以节省时间

旅游交通服务质量的时间性是旅游者特别关心的问题之一，为了满足这一心理需求，及时、准确、快捷地将旅游者送往目的地，必须选择快速的交通工具。

在所有运载旅游者的交通工具中，飞机的航行速度最快，因为它是直线飞行的，而且航程越长，其快速的特点就越明显。

铁路与公路运输在我国旅游交通中起着重要的作用，是中短途旅游者比较理想的交通工具。现代化的大型机场离市中心都较远，对中短途旅游者来说，与其绕道机场搭飞机，不如乘坐高速火车。火车运行受天气变化的影响小，无论刮风下雨，一般都能照常行驶，而且比较准时。公路交通运输的潜力很大，是当前世界最活跃、最广泛的一种运输方式。只要有条简易的公路，甚至只是较宽的马车路，车辆也能够行驶。可以说，在众多的现代化交通工具中，唯有公路运输的触角能伸向社会的各个角落，能实现“门到门”的直接服务。

游船是专门用于“海上游”和“江上游”的交通工具，是“漂流的度假胜地”和“漂流的旅馆”，它不仅是为旅游者提供“行”的交通工具，而且也是提供“游、住、食、购、娱”的基地。

3. 加强硬件基础设施建设，以完善交通网络，方便旅游者出行

加强旅游交通硬件设施建设主要是指逐渐使机场、车站、码头、交通工具及服务实现现代化、网络化。近年来，随着国民经济的发展与旅游业的繁荣，我国的民航、铁路、内河及海洋客运、公路交通事业得以迅速发展，已形成了以铁路交通为主的海、陆、空纵横交叉立体的旅游交通网络。电气化铁路、高速公路和远洋船队发展迅速，并跃居世界前列。交通设施的完善解除了旅游者对旅游交通的担忧，为旅游业的发展奠定了基础。

4．注重软件设施建设，强化质量意识和服务意识，为旅游者提供满意服务

旅游交通作为服务性行业，必须重视运输产品的质量和为旅游者服务的质量问题。长期以来，我国的旅游交通特别是航空、铁路、海运等部门都处于独家经营地位，没有竞争对手，因而对质量意识和服务意识重视不够。同时，由于旅游交通产品具有无形性的特点，它随着生产和消费过程的完结而终止，因此，对旅游交通职工的行为规范和旅游者的满意程度较难控制和掌握，这就给安全质量和服务质量的管理增加了一定的难度。为此，必须把强化质量意识和服务意识作为一项经常性的基础工作来抓，建立起技术、管理、工作三大标准体系，加强日常的自检、互检、专控手段，从开始受理旅游者到运输生产和消费的全过程，都要坚持岗位对标、达标活动，使旅游者安全、快速地到达目的地。

旅游者对服务的知觉主要来源于服务人员的态度，所以要提高旅游交通服务的质量，获得最佳的效果，就必须加强交通服务的软件建设，培养服务人员，使之具备良好的心理品质和强烈的服务意识，如高尚的情操，坚强的毅力、意志，敏锐的观察应变能力等。要善于捕捉旅游者心理和情感上的变化，知其所需，知其所想。只有这样，才能投其所好，提供令旅游者满意的旅游交通服务。

5．提供全方位服务，以丰富旅游者的旅途生活

现代旅游交通不仅要解决旅游者“行”的问题，而且应该为旅游者提供“行”的多方位服务。旅途中用去的时间，一般占外出旅游总时间的40%，这段时间常被旅游者认为是无意义的、枯燥无味的。对此，旅游交通服务人员要加以重视，在旅行途中应安排一些内容充实、丰富多彩的活动，使旅游者觉得时间过得很快，并经常处于兴高采烈的情绪之中，以适应人们的时间知觉对旅行的需要。

在旅途中导游要因时因地进行讲解，并适时地组织文娱活动，如当飞机飞行在黄土高原上空时，可引导旅游者俯瞰大地，去发现那黄土地上的千沟万壑，去领略那风神捏就般的世界之美；当飞机在江南上空飞行时，可引导旅游者去领略江南大地水渠纵横、湖泊密布、无边无垠醉人的绿和美；乘坐火车、汽车时，可以适时地引导旅游者欣赏沿途美景，车行景换，动态观景，其乐无穷；乘坐轮船虽然速度慢些，但有较大的活动空间，设施也较齐全，除了客房、餐厅、浴室、理发室外，还有小卖部、阅览室、录像室、舞厅、卡拉OK厅等，可使旅途中的活动更充实丰富。这样既可消除旅游者长时间旅行的无聊，又可使旅游者得到艺术美的享受。

课堂讨论

● 旅游交通服务人员应怎样提供全方位服务，以丰富旅游者的旅途生活？

第四节 购物服务心理

引导案例

旅游团到达太湖，许多旅游者听曾经来旅游过的朋友说江苏的茶叶很有名，都想买一些回家与家人品尝。在景点游览结束后，这些旅游者处处留意卖茶业的店铺，并不断地询问价格，查看品质。导游看到这个情景告诉大家，游览结束后会带大家去一个当地的土特产商店，那里茶叶的品质和价格都是信得过的。

游览结束，导游把旅游者带到一家土特产商店，并给大家介绍产于江苏太湖边的洞庭碧螺春茶是我国名茶中的珍品。这里土质肥沃，气候温润，雨量充沛，是适宜茶树生长的良好环境。碧螺春区别于其他茶叶的种植特点是茶树与果树间种，充分吸收了其他果木的香气，而且长时间的茶果间种，使茶树、果树枝杈相连，能够有效地吸收果树的维生素，对人体非常有益。准备带茶叶回家和家人分享的旅游者买到自己满意的茶叶，另一部分旅游者本来没有购买茶叶的愿望，但是听了导游的介绍，受到其他购物旅游者的感染，也激发了购物的兴趣，决定买一些回去。

思考：请结合本案例分析旅游者在旅游过程中的购物行为。

点评：上述案例中，导游正是因为把握了旅游者希望购买茶叶特产的心理需求，根据旅游者的需求，在允许的情况下引导旅游者到正规的土特产商店，并对旅游者感兴趣的茶叶特产知识进行了相应的介绍，满足了旅游者的购物需求，让整个团队不带遗憾离开。因此，作为旅游从业人员，要学会分析旅游者的购物心理需求，并且分析影响他们购物行为的心理因素，以提供高质量、有针对性的服务。

一、旅游者在旅游购物时的心理要求

旅游购物专指旅游者在旅游地购买商品的活动。所购商品可以在旅途中使用、消费，也可以带回去使用，送给亲朋好友，甚至作为收藏品。购物是旅游活动中的一个重要环节。

1．重视旅游者购物心理

（1）作为旅游吸引物，可以增强潜在旅游者的旅游动机

旅游购物作为旅游活动的组成部分，是影响潜在旅游者旅游动机的因素。制作精美、质量优良的旅游商品，可以增加旅游活动的吸引力，成为人们产生和强化旅游动机

的积极因素。

（2）丰富活动内容，增加旅游者愉悦感和满足感

旅游者普遍的愿望是能够购买到称心如意的旅游商品，从而增加旅游过程中愉快和满意的感受。由于有精美的旅游商品可以选购，旅游活动的内容就会更加丰富多彩，从而使旅游活动的节奏和旅游者的情绪得到积极地调整，使旅游者在整个旅游活动中获得更多愉快和满意的感觉。有的旅游者因买不到满意的旅游商品而抱怨，这也证明了旅游商品对广大旅游者的积极心理效果。

（3）引起美好回忆，有利于产生重游动机

愉快的旅游活动有始有终，尽管会使旅游者留下美好的印象，但随着时间的推移，印象总会变得淡漠，旅游的愉快情景会被淡忘，旅游者购买的旅游产品，尤其是旅游纪念品可以长期保存，每当看到它就会引发对上次旅游活动的美好回忆和向往，这有利于重游动机的产生。

（4）激发旅游动机

旅游者在旅游地购买到具有特色的旅游产品，无论是自用、保存或观赏，还是向亲友展示和馈赠，都会引起别人的羡慕，这实际上是对旅游地一种很好的宣传，对于提高旅游地的知名度有积极作用，还会引起听者对该地旅游活动向往的心理需要，这是影响旅游态度和旅游动机的积极心理因素。

2. 旅游购物心理需求

（1）求纪念价值的心理需求

正如人们常说："走过路过不要错过，多看多买必有收获，相信买的必是好货，带回家里开心快乐"。这无非就是强调旅游者愿意购买当地名优特产，以达到一种纪念性的购买行为。"归心似箭，满载而归"，也是旅游者在离开目的地返乡时的共同心理。他们都希望购买当地有纪念价值的旅游商品带回家，一方面带回的是一份对家人和亲朋好友的关爱和思念；另一方面，在时过境迁后，通过睹物思情也能唤起对旅游历程的美好回忆。

一般说来，旅游者往往乐于购买具有保存及纪念价值的手工艺品、美术品、字画、古董复制品等，纪念品中具有明显当地特色标志的产品则更受旅游者欢迎。

（2）求新求异的心理需求

旅游者一般都喜欢购买异国异地新异奇特的产品，这些产品可以满足他们追新猎奇的心理。如有些旅游者一到北京就买一双北京布鞋、一件旗袍、一套中山装等，并马上穿起来；有的还乐意购买有地方特色的竹篮、草帽、草鞋等新奇罕见的物品；还有对于某些特殊爱好并想突出个性的旅游者来说，对一些奇珍异宝、文物古董、名人字画、奇石怪物颇有兴趣。

（3）求使用的心理需求

在每个旅游地区的土特产商店里，旅游购物的效果相对是比较好的，因为旅游者

出门在外，在行程结束返回之前，都想购买一些当地的名优土特产回家，以达到孝敬父母、馈赠亲友之用。还有不少国内旅游者对中草药和中成药十分喜爱，他们觉得这些产品在治疗、保健方面十分实用。西方旅游者爱买中国的真丝服装、钩花服饰、台布等实用品。另外，旅游者中的女士、小姐都喜欢在商店购买珍珠增白露和珍珠防晒霜等美容化妆品。

（4）求知识的心理需求

如今的旅游者在购买旅游商品时，总希望在得到物质方面的享受时，还能得到精神方面的愉悦，即能满足他们的求知心理。为此，我国现在一些旅游热点地区的大商场都有导购员通过多媒体授课示范，来介绍该商品的有关知识，例如北京景泰蓝等工艺品的制作过程、特色；字画的年代、作者以及有关的奇闻轶事；如何鉴别珠宝玉器、珍珠、水晶产品的真假、优劣等，这些均能取得较好的购物效果。还有当旅游者参观完茶叶研究所、陶瓷工艺品店、丝绸工艺品店、丝绸厂、珍珠养殖场之后，知道了某种产品的生产过程，增长了有关知识，一般都有去购买这些货真价实产品的欲望。

（5）求尊重的心理需求

旅游者在购物过程中，希望销售人员满足他们的自尊心。每个旅游者都有一种内在的价值感，都有自己的人格和尊严，希望自己受到别人的重视。人类的本性需要爱、需要尊重，这种需要表现在很多方面，例如希望销售人员热情耐心地回答他提出的询问；希望销售人员不怕麻烦，任其挑选；希望销售人员语言有礼貌并尊重他们的爱好、习俗和生活习惯；希望销售人员认同他们对商品的评价、观点及审美情趣，一旦受到反驳就意味着他的自尊心受到了伤害。

二、影响旅游者购物行为的心理因素

1．购买动机

（1）为自己购买

1）稀缺性的期待。只有在旅游地才能购买的商品，首先这种旅游商品被旅游者所发现，然后引起他们的兴趣和关注，从而被他们认为它是当地所独有的，这时旅游购物才能发生。

2）效用性的期待。随着流通渠道的增强和发展，大部分国外或国内产品在各个城市都可以买到。但相对而言，原产地的商品种类更加丰富，商品价格会相对便宜，旅游者可以有更多的选择空间。这是很多旅游者喜欢在原产地购物的主要原因。

3）实用性的期待。经济发达的程度、商品品种、品质及购物环境往往也是旅游者选择旅游目的地的参照因素之一。旅游者购买一些具有实用价值的旅游商品，一方面是为了满足实用的需要，另一方面把实用与陈设等目的相结合，增加商品的附加价值。

4）收藏性的期待。这种购物动机要求商品工艺精巧，并具有一定的观赏和收藏价值。同时要有一定的垄断性，限量限地供应。

5）谋利的期待。一些精于谋利经营的旅游者会留心于地区之间、国家之间物价或货币币值之间的差异，去捕捉赚钱的机会，于是会选购一部分商品带回本地区或本国，进行转销或借此冲抵一部分的旅费。

（2）为他人购买

1）互助的期待。亲友对即将旅游出行的人提出“委托代办”，为他们在旅游目的地购买一些当地特色商品，所以有时一个旅游者花很多的钱选购商品，其实钱物不一定都是其本人的，而是诸多亲友委托的结果。这种情况下，他们在选购商品时往往表现出一种审慎的心态。但这种购物行为并不普遍。

2）联谊的期待。和睦家庭、交朋友是各国居民乡风习俗中的共有特色。而旅游商品作为表达心意的一种馈赠礼品，是旅游购物活动中最普遍的需要，几乎人皆有之。这种动机要求旅游商品物美价廉，尤其是要求包装精美，否则作为礼品是拿不出手的。对旅游者来说，买或不买都是随意性的，因而具有较大的弹性。因此，对于旅游企业来说，成功的关键在于商品的工艺水准、富于特色、适于时令而又价格合理，能够深深地打动旅游者的购物心理，以致感到不买会是一种遗憾。

2．知觉

人的知觉是有选择性的，其选择性是一种感知防御形式。通过主动的知觉选择，可以排除非本质的、无关的或从个人角度、文化角度出发难以接受的事物。同时，感官功能有限，人们能够同时清晰感知的事物很少，而刺激物纷繁复杂，只有发挥知觉的选择功能，才能使知觉过程正常进行，保护自己的身心安全。

在日常生活中，人们往往把注意力集中在自己认为重要的东西上，但是在旅游活动中，人们常常会背离这种倾向。旅游者通常会降低自己的知觉选择性，尽可能多地把事物纳入到知觉范围，扩大知觉对象。但是，由于感官功能和停留时间的限制。即使最大限度地降低知觉选择性，刺激的无限性和知觉选择性的矛盾依然存在，这对旅游者购物形成了一定的刺激。为了降低知觉的选择性和刺激无限性的矛盾，旅游者会选择购物作为有效的解决方法。

3．学习

学习是旅游者在购买和使用商品过程中，不断获取知识、经验和技能，不断完善其购买行为的过程。

例如，当旅游者接触信息并对信息进行初步归类时，学习便开始了。信息渠道有商业来源、公共来源、参照群体及个人经验四种，其中对旅游购物影响较大的有导游、团队成员、亲朋好友等参照群体及个人经验，尤其是前两个参照群体对旅游者的影响更大。但自从旅游行业中的导游导购吃回扣、与商家联合欺客宰客等内幕报道后，很多旅游者开始不相信导游的游说，对导游产生强烈的排斥心理，如果不及时改变这种现状必将影响以后旅游购物的发展。现在，越来越多的旅游者出游之前收集大量的旅游目的地信息，降低购物风险，在这种不断的学习中旅游者逐渐成为明智的、聪明的消费者。

4. 态度

态度是个体对直接或间接具有社会性质的某一客观对象的评价与行为倾向，态度决定消费者的决策以及购买行为。目前，旅游者普遍对旅游商品及旅游企业持有不信任态度，他们或许以较低的价格买一些小纪念品，却不愿意购买高档旅游商品，这必然影响旅游商品销售收入的增加。

三、购物服务的心理对策

1. 充分了解所推销商品的特点

既然是购物促销，导游应做到对商品的相关信息了如指掌，在向旅游者介绍商品时做到语言流畅，措辞严谨；同时，还要增强旅游者对商店及所购买商品的信任感和安全感。

2. 精心安排进店时间

进店时间正确与否会直接影响购物效果。从心理学的角度看，大多数旅游者的首要目的是游览景点，所以绝不能将进店安排为每天的第一项活动；同时，不能出现连续进店的安排，这样会引起旅游者严重的逆反心理。一般来说，进店应该安排在至少游览了一个大景点之后或安排在午饭前后或晚饭之前，许多导游有意识地将早上或下午的游览结束控制在离开餐还有 50 分钟的时段，此时既完成了观景任务，在用餐前又有充分的时间，应该是最佳进店时间。

3. 巧妙的铺垫

优秀而聪明的导游不会临进店了才提到商品，因为那样旅游者会觉得太突然，难以接受，甚至拒绝入店，成功的购物促销需要一个巧妙的铺垫过程。通常，导游在给旅游者介绍当地的基本概况、自然风光、民俗风情时，就应将要推销的商品融入其中，以便在旅游者的头脑中形成一个模糊的印象。而在景点导游过程中，巧妙地借题发挥，“无意”地提及重点商品，为其做铺垫，埋下伏笔。此时旅游者们会在进店前更容易接受导游的观点，也能在进店购物时不觉得太突然。

4. 善于分析了解旅游者购物的真实动机，有针对性地推荐商品

旅游者进入旅游商店会有一些特定的行为表现。导游通过对他们行为的观察和分析，可以判断他们的购物动机和真实需求。例如有的旅游者进入商店后，眼睛东张西望，无固定目标，虽然有时也会接近柜台或商品，但停留时间短暂，目光不专注于某一特定商品。这些行为表明，此旅游者是以游览参观为目的，无明显的购物动机和需求，这时营业员不必主动招呼他们，让其自由参观就可以了。而有的旅游者进入商店后，三五结伴，四处观看，比比划划，互相示意，此类旅游者的行为折射出他们了解行情的心理特点，主要是比较这里的商品与他们本地的商品在品种、式样、价格方面的差异，如果觉得合适就会购买。但有意购买商品的旅游者也会有求新、求名、求美、求实、求利等不同的购物动机。具有求名动机的旅游者，目光往往专注于价格昂贵的柜台或商品，对价格相对较低廉的商品柜台则不关心，注重的是昂贵商品所具有的纪念意义和象征意义，导游应重点向其推荐同类旅游商品中的上品和精品，介绍此类商品做工的精良，质地的上乘，款式的新颖，强调一分钱一分货。

5. 激发旅游者的兴趣与购买欲望

激发旅游者的兴趣和购买欲望在导游购物促销中起着重要的作用，唤起旅游者兴趣的关键就是要让旅游者清楚意识到购买商品所能得到的好处和利益。导游可以将商品的特征、优点与旅游者的需求联系起来，激发出旅游者的兴趣，同时，提供各种例子进行证实，强化旅游者的利益。

知识链接

促成交易的技巧

1. 直接成交法

直接成交法是指直接要求旅游者购买商品。例如，导游对一旅游者说："张先生，既然您看中了这块玉佩，难得碰到您喜欢的东西，您就买了吧"。

2. 机会成交法

机会成交法是指向旅游者表示最后一次机会而促使购买。例如，导游对一旅游者说："这么精致美丽的水晶观音，整个水晶馆只有两尊，其中一尊前天已被一位旅游者买走，现在这尊是唯一的，如果您不买就太可惜了，机不可失，时不再来呀。"

3. 优惠成交法

优惠成交法是指提供优惠条件促使购买。例如，旅游者面对一件商品迟迟下不了购买的决心，这时导游就对他说："我看您非常喜欢这件商品，如果您想买下它，我找经理给您打个折，通常这里是没有折扣的。"

4. 保证成交法

保证成交法是通过提供各种交易的保证来促使购买。例如，导游对一旅游者说："这里是政府的旅游定点商场，有质量保证。如果您购买后，发现商品有质量问题，可以找我或这家商店，保证包退包换，请尽管放心。"

5. 从众成交法

从众成交法是指利用从众心理促使购买。例如，一旅游者手拿一盒西瓜霜正犹豫不决，导游走过去对她说："陈小姐，这西瓜霜可是桂林的一大特产呀，刚才王太太、李小姐她们每人都买了两大盒呢。"

课堂讨论

● 假设你是一名带团导游人员，针对团队中有旅游者希望购买当地知名的阿胶特产，但又觉得旅游商店的东西又贵又假的时候，你该如何引导？

思考与练习

1. 旅游者对导游服务的心理需求有哪些？
2. 如何根据旅游者对饭店服务的心理需求做好饭店服务工作？
3. 旅游者对交通服务的心理需求有哪些？
4. 如何做好旅游交通服务？
5. 旅游者对购物服务的心理需求有哪些？
6. 购物服务的心理对策有哪些？

第四章

旅游投诉心理

chapter 4

随着旅游业的快速发展，竞争日益激烈，一切从旅游者利益出发，一切为旅游者着想的服务理念，已经被旅游业内绝大多数人士所认同。在竞争激烈的环境下，旅游者投诉现象日益严重，旅游者投诉原因及途径多样化，做好及时应对、最大限度减少和避免投诉，是旅游企业和旅游从业人员生存和发展的必由之路。

学习目标

- 了解旅游投诉的定义及意义。
- 学会分析旅游者投诉的原因与心理需求。
- 掌握处理旅游投诉的技巧。

旅游3.15投诉平台

27个省级行政区已正面回复

第一节　旅游者投诉的原因

引导案例

在旅游车上，坐在前面的是来自A地区的旅游者，坐在后面的是来自B地区的旅游者。坐了两天长途车后，两个群体为座位的问题发生了争执。

B地区的旅游者抱怨："后面太颠，睡不着""发动机声音太大，连耳机都不能听""大家都是出来旅游的，现在应该轮到我们坐前面了。"A地区的旅游者中，有几位年长的旅游者回答说："我们都是六十多岁的人了，腿脚又不方便，是不是应该照顾照顾，还是让我们坐前面吧！"B地区的旅游者说："你们几位年纪大的，当然是应该照顾照顾，可那几位年轻的也要照顾吗？应该让他们坐到后面来。"A地区的年轻旅游者解释说："他们几位年纪大，我们坐在边上是为了能够随时照顾他们。你们坐到这里来，能像我们一样照顾他们吗？"B地区的旅游者说："前后就这么几步路，有什么不好照顾的？难道连这点儿'举脚之劳'都做不到吗？"A地区的旅游者接茬说道："对了，就是前后那么几个位子的距离，就会耳朵也听不见、觉也睡不着？这就是生活在科技高度发达的文化沙漠的生理特点吧？"B地区的旅游者被激怒了，提高了嗓音说："废话少说！凡事得讲公平。都是付一样的钱，我们坐过后面了，现在应该换换！这几位老的可以不动……"A地区的旅游者也愤怒了，抢着说："什么老不老的，不要这样含沙射影！有什么了不起！"B地区的旅游者走到A地区旅游者边上，大声喝道："起来！起——来！我们是没有什么了不起，我们就是要平等的权利。有种的，起来！"争执中也不知道是谁先用手推了对方一下，接着就响起了女士们的尖叫声，双方年轻人扭打在了一起。

在中间劝架的导游小王，因开始没有重视争座位风波，在整个事件过程中也没有做好安抚与应急处理，不但前胸后背挨了几下"太平拳"，脸也被女客人抓伤了。结果，这个团队客人纷纷向旅行社以及旅游质监部门投诉。导游小王也难免写了多份工作过程汇报。

思考：本案例中，是什么原因引起了旅游团队中的纷争与投诉？

点评：上述案例中本来是座位调整的小事，但却上升到侵犯团体利益甚至伤人的"大事"了。由于导游人员没有相关突发事件的预见性，把息事宁人的工作做在前，防止矛盾的激化，更加剧了事件的恶化。因此，作为旅游从业人员，应学习从把握客人在旅游不同阶段的心理需求来做好对客服务。

一、旅游投诉的概念

旅游投诉是指旅游者、海外旅行商、国内旅游经营者为维护自身和他人的旅游合法权益，对损害其合法权益的旅游经营者和有关服务单位，以书面或口头形式向旅游行政管理部门提出投诉，请示处理的行为。

旅游投诉心理是指旅游者对即将进行或已经进行的旅游投诉的心理反应。从心理要素的角度看，包括对旅游投诉的知觉、需要、动机、态度等；从心理内容的角度看，包括对被投诉者、投诉处理部门、投诉过程的心理反应。从旅游者心理反应过程观察，旅游投诉心理经历了情绪波动产生、旅游体验兴趣度降低、心理压力增大、发泄愿望强烈、摆脱困境动机形成等一系列心理过程。

旅游者投诉心理随时受到社会环境及个人情感、情绪的影响。人在情绪比较正常的状态下，旅游投诉心理不容易发生；旅游者心里不舒服、正憋着气，芝麻小事也容易引发旅游投诉。因此，旅游从业人员就要有充分的准备，适当时机寻求最佳途径让他们释放心中的怨气，把投诉消灭在萌芽状态。

二、旅游投诉的原因

1. 主观原因

（1）不尊重客人

由于旅游服务人员不能摆正自己与旅游者的角色关系，未树立起“旅游者就是上帝”的观念，将尊重自己与尊重旅游者对立起来。例如对旅游者冷淡，对他们的询问一律不予理睬，或一律回答“不知道”。不注意礼节礼貌，语言不文明，不尊重旅游者的风俗习惯；酒店服务中出现的未经敲门就闯入客房，无端怀疑旅游者带走饭店物品，甚至挖苦辱骂旅游者等，都会导致旅游者的投诉。

（2）严重的旅游服务缺陷

“严重的旅游服务缺陷”是指旅行服务单位较严重违约或一贯的旅游服务差错。例如，旅行社最终提供的服务低于合同标准；旅游说明材料上写明的服务实际上无法提供；对个别旅游者允诺但没有兑现或根本无法兑现；无故取消规定的部分游览项目；发生误机（船、车）事故。在酒店的住宿过程中，诸如卫生、安全、环境等方面给旅游者带来的人身危害。旅游服务缺陷会导致旅游者的投诉，他们会提出改进、更改、赔偿等要求。出现严重的旅游服务缺陷时，旅游者可以解除与旅行社签订的合同，甚至上诉至法院。

2. 客观原因

（1）服务质量与服务态度很难量化

旅游是非物质化的一次性产品，服务的直接对象是旅游者，由于每位旅游者受教育程度、生活环境、性格品味、性别年龄等诸多因素的差异，有着不同的消费行为与消费心理。当旅游者对所得到的服务和消费满意度小于期望值，且与实际心理要求有落差时，他们就会认为是不好的服务，就会产生抱怨，当这种抱怨的情绪在某一方面超过临界时，便会引起投诉。由于旅游者的偏好是不确定的、不统一的，那么旅游者对于旅行社产品质量的评价也是主观和个性化的。如果旅行社对这种旅游者心理的变化现象认识不足，加之服务工作不到位，便易产生投诉。

（2）旅游者个性的差异性

旅行社每天面对不同的旅游者，他们的个性差异很大。有的旅游者好动，有的旅游者好静；有的旅游者随意，有的旅游者挑剔；有的旅游者外向，有的旅游者内向。一般来说，外向、情绪不好的旅游者容易投诉，内向、情绪好的旅游者通常仅仅是抱怨而已。这也说明，不是旅游者没有投诉就没有问题，要细心观察旅游者的言语、表情和行为，尽量提高旅游服务质量，让旅游者保持良好的心理和情绪。

（3）旅游环境的复杂性

旅游是依附性很强的产业，旅游活动对外部环境有高度的依赖性，需要许多其他旅游企业以及旅游相关部门的通力合作才能进行。旅游者在外面旅游随时都有可能遇到这样或那样的问题，旅游从业人员虽然已经做好了迎接一切困难的准备，但是旅游业涉及社会的各行各业，有些问题不是旅游从业人员能解决的。

例如，交通工具引发的投诉，包括车辆晚点、车辆未年检被有关部门扣留、车辆出现故障，以及飞机、轮船晚点、误班等，造成整个团队滞留或引发机场、码头、司机、导游、旅游者多者之间的交叉争执。

又如景区原因引发的投诉，主要表现在安全措施不到位、旅游者缺乏控制和引导等方面，特别在旅游旺季，一些景区会出现饱和现象，而景区缺乏必要的引导和劝诫，有些景区本身存在安全隐患，导致旅游者受伤等。

知识链接

旅游者如何保护自己的权益

第一，在旅游目的地的选择上，不要只盯着著名景点和热点地区。出游前多留意旅游行政管理部门发布的信息，选择一些新开发的景区，随团走一些新组合的路线会更有收获。

第二，想要不花冤枉钱，并物有所值，您最好先做到：找正规旅行社，乘“游”字头大巴车，到开放的景点去。

第三，学会签合同，保护自身的利益不受侵害。根据旅游是先交钱、后上路的消费特点，旅游合同自然成为旅游者的护身符。旅游者出行前一定要与旅行社签订合同，在合同中还要明确游览景点数目、导游服务标准等，明确旅行社应承担的责任和义务。在以后的旅行中，双方都要按合同履行自己的承诺。如果旅行社不按合同办事，像改变住宿酒店星级、降低用餐标准等，旅游者要将其违约事实和造成的后果真实记录下来，以便今后向旅游质量监督管理部门投诉。另外，如旅游者暂时离团、返回等也要事先通报旅行社，并达成书面协议。

三、产生旅游投诉的心理因素

旅游者对旅游企业的满足或抱怨，是旅游者对该企业提供的各种设施及服务与所期望的相比较后得出的好与坏的认知，同时也是对购买公平与不公平的认知所产生的情绪体验。如果旅游者认为比期望的好，就会产生满足感；相反，如果认为比期望的差，就会产生挫折感，从而可能引起旅游投诉。一般来说，旅游者的挫折感主要来自两个方面。

1. 不公平感

旅游者花了钱而不能得到相应的待遇，就会出现不公平感，常见的情况有以下几种：

（1）价格不合理

旅游企业的产品，如饭店的客房、饮食、服务等质量不好，收费过高，旅游者购买旅游商品时“被宰”，旅行社又增加新的收费项目等。

（2）未履行服务或质量不好

如未按合同或约定完成旅游项目，出游时汽车抛锚耽搁时间，随意调整旅游行程，以及饭店的客房电灯不亮、电梯出故障、卫生间水箱漏水等问题。

（3）设施和服务不完善

缺少必要的设施和服务，如饭店内没有理发、传真等配套设施，客房、餐厅等设施不齐全，卫生间无电源插座，乘坐的汽车没有空调设备等。

（4）环境不良

饭店的电气设备噪声太大，室内温度不适、气味不对；有的宾馆打扫卫生时马虎了事，在旅游者离去后不换床单就接待新的旅游者，卫生间地板有积水，马桶有黄迹；餐厅食品不洁、菜品变质，或上席的菜品有虫子、头发、杂物等。

2. 需求未得到满足

旅游企业的设施和服务不能满足旅游者的需要，使其预想的旅游目的不能实现，致使旅游者产生挫折感。产生的原因大致有以下几点：

（1）休息不好

如饭店服务人员走路、谈笑声音太大，影响旅游者休息和睡眠等。

（2）没有安全感

如工作人员安全防范意识不强，有的导游在离开游览景点时不清点人数就开车，将旅游者落下；对旅游过程中可能出现的安全问题估计不足，面对突发事件束手无策；安全设施不完备，致使旅游者物品丢失、损坏，甚至造成人身伤害等。

（3）孤独感

旅行社的导游或饭店服务人员对待旅游者不主动热情，态度冷淡。有的导游不愿多开口，带而不导；有的随便取消日程安排中的节目，也不做任何解释；有的甚至让旅游者自己游览景点，导游却在车上睡觉或办私事。

（4）得不到应有的尊重

旅行社的导游或饭店服务人员缺乏言语的文明性，对旅游者态度生硬，有些服务人员甚至对旅游者评头品足，挖苦旅游者。有些工作人员不尊重旅游者的风俗习惯、信仰，给不吃牛肉的泰国、印度旅游者送用牛肉制作的菜品，给伊斯兰教徒送用猪肉做的食品，在海员吃饭时将菜碟里的鱼翻身等。未经敲门而进入客房，忘记或搞错旅游者托办的服务项目，如“叫早”等，都是不尊重旅游者的表现。

旅游者产生挫折感后，不一定会投诉。由于各人的性格、气质不同，处理问题的方式也各有差异。当出现上述情况时，有的旅游者只是表示一下不满；有些属于稳重型的旅游者，心中虽有怨气，但不一定说出，心里会想以后再也不跟这家旅行社、宾馆打交道了，或是告诫自己的亲戚朋友也不要同该旅行社、宾馆打交道；属于急躁型和活泼型的旅游者，碰到以上情况时可能会大动肝火，叫嚷着要找经理投诉，同时还会将这种抱怨传播开来。

四、旅游投诉的意义

旅游服务人员都不希望有旅游者投诉自己的工作，这是人之常情。无论是旅游企业管理者及旅游一线服务人员应该正确地认识投诉，不要害怕旅游者投诉，应该认识到旅游者投诉对企业经营管理的积极意义，对旅游者的投诉持欢迎态度，把握投诉所隐含的对旅游企业有利的因素，变被动为主动，化消极为积极。

1. 投诉有助于企业进行市场调研，收集真实资料

从旅游者的投诉中，可以了解到企业旅游产品中存在的缺陷，发现服务工作中的弱点、漏洞和不足，以及企业基层管理中存在的实际问题。特别是发现一些带倾向性的问题，以便有针对性地采取措施，调整旅游产品，改进服务工作，加强企业基层管理，为旅游者提供高质量、高效率的服务。旅游者的投诉可以让企业直接了解到旅游过程中发生的问题，并且做好相关信息的调研，为提高服务质量提供很好的信息资料。

2. 投诉有助于与旅游者的情感交流，提升服务质量

旅游者向旅游企业或相关部门投诉，实际上是提供了一个企业与旅游者情感交流的机会，也是旅游企业改进工作、接触旅游者、增进互动、情感交流的途径。以美国快乐界旅游公司为例，旅游者通常会选择这一家旅行社为他和家人安排几次、十几次甚至几十次出游，忠诚度非常高。主要是因为美国快乐界旅游公司十分重视每一次旅游者的投诉，并把它作为一次珍贵的与旅游者情感交流并有助于公司改善售后服务质量的机会。有时旅游者因怕烦神，而放弃投诉，相关管理部门也无法了解真实情况，因此，旅游企业应及时发现问题，争取主动，尽快化解旅游者的抱怨和不满，减少负面影响，提高旅游者对旅游的满意度。

3．投诉有助于企业了解旅游者的心理需求，挽回企业声誉

旅游者之所以会提出投诉，是因为他们对旅游产品与服务在心理上有一个期望值，当现实体验达不到预期的期望值时，旅游者便会在心理上对饭店会产生不满，并通过投诉把这种不满表达出来。因此，通过投诉，我们可以了解旅游者对旅游产品与服务的心理需求，并根据企业的实际情况，改善旅游产品与服务，提高服务质量来满足旅游者的心理需求，防止投诉再次发生，并最大限度地争取主动权来挽回企业声誉。

课堂讨论

● 对旅游企业管理人员来说，旅行社应如何避免投诉的发生？作为一名一线导游人员，遇到旅游者的投诉又该如何应对？

第二节　不同类型投诉者的心理需求

引导案例

某日傍晚，一个香港旅游团结束了“广州一日游”回到酒店。然而，不到10分钟，旅游团的一位中年女领队就光着脚来到大堂，怒气冲冲地向前台投诉客房服务员。原来，早晨出发时，这位女领队要求楼层客房服务员为房间加一卷卫生纸，但这位服务员却只将这位旅游者的要求写在了交班记录本上，并没有与接班服务员特别强调指出。接班的服务员看到客房卫生间内还有剩余的半卷卫生纸，就未再加。结果，这位旅游者回来后，勃然大怒。无论前台的几个服务员如何规劝、解释，她依旧坚持光着脚站在大堂中央大声说："你们的服务简直糟透了。"引来许多旅游者好奇的目光。值班经理和房务部经理很快赶到了，看到此情此景，他们一边让服务员拿来了一双舒适的拖鞋，一边安慰旅游者说："我们的服务是有做得不够好的地方，请你消消气，我们到会客室里面坐下来谈，好吗？"这时旅游者的态度渐渐缓和下来，值班经理耐心地向旅游者询问了整个事件的经过和解决问题的具体意见，最后值班经理代表饭店向旅游团的每个房间都派送了一卷卫生纸，并向这位旅游者赠送了果盘道歉。

思考：在这个案例中，引起旅游者投诉的主要原因是什么？体现了旅游者怎样的一种心理需求？

点评：从心理学的角度来分析，此案例首先是消费者心理个性的特殊反映。因为旅游消费者的心理随时受到社会环境及个人情感、情绪的影响，当他们及个人的情感、情绪带到酒店，就必然影响到整个消费过程。由于客房服务员之间的沟通出现问题，导致旅游者因为半卷卫生纸而大动肝火。这是由于旅游者心情和心理原因，可能客人在情绪比较正常的状态下，打电话与客服中心联系就可以解决，但这时候，旅游者的心里不舒服，正憋着气，这半卷卫生纸无疑就成了旅游者不良情绪宣泄的一条导火索。案例中客人投诉饭店说："你们的服务简直糟透了。"值班经理和房务经理没有因这样极端的说话而生气，反而先为旅游者拿来拖鞋，并真诚地向旅游者道歉，以此来缓解旅游者的态度，平静客人的情绪。此外，案例中酒店服务人员能很好地处理问题，关键在于了解酒店旅游者消费时的心理需求状态。

一、旅游者投诉的主要类型

旅游者投诉的分类标准不同，就会出现不一样的投诉情况，相应的服务策略就会有所不同，主要可按投诉动机和投诉强度两大类别来分类。

1. 按投诉动机分类

（1）宣泄型

宣泄型旅游者遇到不公正的待遇时，会进行抱怨式的投诉。不仅要面子，而且脾气大。他们在投诉时总是要求撤换有关主管或当时的服务员，并会说："我不在乎钱，就要出这口气！"这类投诉者希望有人能够耐心倾听他们的抱怨和不满，希望可以获得同情和理解。

对待宣泄型投诉者的服务策略是：尽量采取一些措施让他们放松情绪，耐心倾听他们的抱怨，用爱心表示自己的同情，用细心去了解他们的心理和需求，把"对"让给他们，一定要给足他们面子，并当众向他们道歉，以抬高他们的身价，让他们脸上有光，并使在场的朋友感到佩服。

（2）谈判型

谈判型投诉者非常理智，会列举种种事实和理由证明自己的合法权益受到了损害，他们很有修养，几乎从不乱发脾气，但他们的投诉常是以被投诉方做出某种经济补偿而告终。

对待谈判型投诉者的策略是：区别情况，除精神上给予安慰外，还要给予物质上的补偿，否则无论多么诚恳的赔礼道歉也无济于事。在处理这类投诉时，不能一概“有求必应”。首先应考虑投诉者可能提出哪些可能的减免费用的要求，哪些可以接受，哪些不能接受；在可能接受的部分中，又有哪些经过努力可以避免。因此，制定合理的赔偿制度就非常重要。例如，确定当班主管有多大权限，值班经理有多大权限，索赔金额超过多少的投诉由总经理处理，处理索赔的时间是以分钟、小时还是以天数计算等。同时不要试图对这类投诉采取拖延战略，不要假想可以大事化小、小事化了。否则，最终还是会按投诉要求进行赔偿，但仍无法让投诉者满意。

（3）挑剔型

挑剔型投诉者常常从关心的动机出发，以挑剔的眼光看待旅游企业的现状，并进行横向比较，提出种种建议，希望该企业能够认识到自己存在的问题，并予以改进。

对待挑剔型投诉者的服务策略是：礼让三分、从容大度，表示歉意和感谢。工作人员既要有强烈的角色意识，又要无条件地放下“个人尊严”，自觉地站在客人的立场上，设身处地、换位思考。这类旅游者在投诉后，多会再来光顾，他们要看自己所提的意见是否被真正采纳，服务工作是否真正提高。即使有些脾气很大，投诉有与事实不符的旅游者，有时也会自省，并成为忠实的旅游者和朋友，为企业带来稳定的客源和收入。

2. 按投诉强度分类

（1）普通型

普通型投诉即指一般性的投诉。对这类投诉应以诚相待，好言相慰。只要通情达理，功夫到家，不愁问题解决不了。例如，有的旅游者投诉房内设施差、空调不制冷等，并提出是否因此而减免些房价之类的要求。像这种情况，大堂经理就应首先同技术工程部联系，尽可能及时补救旅游者列举的缺陷，不要轻易同意旅游者减免房价的要求。如果旅游者提出的问题都能得到及时解决，又看到工作人员是在真心实意地帮助他解决问题，就算脾气再大，他也会满意的。

（2）强烈型

强烈型旅游者可以容忍设备的陈旧，但绝不会容忍服务差。服务差有两种情况：一是服务不规范、不细致、不周全；二是服务态度差，甚至蔑视、讥讽旅游者。这两种情况以后一种最容易引起旅游者反感，导致其强烈投诉。服务不规范可用好的服务态度去补救，但如果不尊重旅游者，服务态度差，就是再好的硬件设施，再规范的软件服务也无济于事。这种因服务态度差而造成的客人投诉，是旅游企业的致命伤。在处理这类投诉时，不仅要按管理条例处分有关的工作人员，而且要求具备较高的语言技巧和工作经验，必要时领导要出面处理，向旅游者赔礼道歉，尽量在软件服务上“软化”旅游者，使宾客感到满意。

（3）隐性型

隐性型客人是有能力影响舆论或他人的旅游者（如社会名流、各界代表和新闻界、舆论界人士等），比一般旅游者有更大的社会影响力，对旅游企业的褒贬（哪怕是无意间的）都可能产生“不是投诉，胜似投诉”的结果。例如，有几位新闻记者，有天晚上到某酒店陪同厅，服务员可能未接到通知，不让他们用餐。记者要求找管理员，但管理员来后，一不招呼这些“内宾”就座，二是拦在门口说：“我们没有接到通知，我不知道可不可以给你们用餐。”记者们一句话也未说，愤然离去。像这样差的接待服务和粗俗语言会产生怎样的后果是可想而知。这种“隐性型”投诉不可能及时处理，因此，只有从平时提高每一位员工的素质、提高整体服务质量来避免。

知识链接

2016年第二季度全国旅游投诉数据

据2016年旅游3·15投诉平台发布的第二季度旅游投诉数据，截至2016年7月18日，平台数据显示，从全国各省份情况来看，云南、北京、广东、上海、四川投诉较多，在线旅游企业中，去哪儿网、携程旅行网、途牛网投诉较多。网友投诉的问题主要集中在旅行社、航空、酒店和景区等方面，其中涉及退款退货、旅行社不按合同履约、导游诱导购物等问题的投诉较多。

投诉旅行社是最常见的，本季度针对旅行社的投诉最多，占投诉总量的39.2%，其次为景区（19.1%）、航空（18.1%）、酒店（14.4%）、导游（6.7%）、交通（2.5%）。所有投诉中，15.9%涉及“高价商品退货退款”问题，15.6%涉及“不按合同履约”问题，9.9%涉及“虚假宣传”问题，5.9%涉及“诱导购物”问题，高价商品退款退货和不按合同履约问题突出。

	第一季度	第二季度	对比发展趋势
旅行社	43.0%	39.2%	↓
导游	7.4%	6.7%	↓
航空	16.9%	18.1%	↑
酒店	13.5%	14.4%	↑
交通	3.2%	2.5%	↓
景区	16.0%	19.1%	↑

2016年投诉类别投诉量占比发展趋势

二、旅游者投诉的心理需求

旅游者的投诉往往有一个从小到大，从息事宁人到忍无可忍的发展过程，如果对投诉不重视，有的投诉者就会扩大事态，私下行动或从外部攻击，受损的首先是企业自己。因此，需要了解旅游者投诉时的主要心理表现，以提供针对性服务。

1. 求尊重的心理

旅游者是上帝，上帝永远都是对的。在整个旅游过程中，旅游者对自己“上帝”角色的认知十分清楚，求尊重的心理需求也十分明显。美国心理学家亚伯拉罕・马斯洛于1960年提出了著名的需要层次理论，认为整个人类有4%的人有受尊重的需要，除了表现在自己得到重视和赏识之外，还包括取得自信和支配地位。人们到一个景点旅游，很可能由多种动机引起，但其中之一很有可能是为了满足受人尊重的需要驱使。因此，当旅游者感到自己不被尊重，采取投诉行动时，这种心理会更加突出。他们希望旅游从业人员尊重他，认为他的投诉永远是对的、有道理的，认为自己这样做是应该的，渴望得到同情、尊重，愿意看到服务人员当面向他们表示道歉并立即采取相应的行动。

2. 求平衡的心理

旅游者在碰到令他们感到烦恼的事情后，会觉得心理不平衡，觉得窝火，认为自己受到了不公正的待遇。因此，他们可能就会找到有关部门，用投诉的方式将心中的怒气发泄出来，以求得心理上的平衡。

这是寻求心理平衡、保持心理健康的正常方式。旅游者之所以投诉，还源于旅游者对人的主体性和社会角色的认知，旅游者花钱是为了寻求愉快美好的经历，如果他得到的是不公平、是烦恼，旅游者会选择投诉来找回他们的权益。

3. 求宣泄的心理

美国心理学家亚当斯提出过著名的挫折理论，认为挫折是个人在某种动机推动下所要达到的目标行为，受到无法克服的障碍而产生的紧张状态与情绪反应。当旅游者受到挫折后，有的会采取减轻挫折和满足需要的积极进取态度，有的会采取消极的对抗态度，采取一系列的行动来发泄其不满，最主要的一个渠道就是投诉。旅游投诉者总是觉得自己理由充足，投诉时往往情绪激动、满腔怒火，他们会利用投诉的机会将自己的烦恼、怒气和怨气发泄出来，以维持其心理上的平衡。

4. 求补偿的心理

旅游者认为自己花费了金钱和时间，就应该获得相应的优质旅游服务，旅游企业应该处处为他们着想，旅游前的承诺应与实际相符，否则旅游者会投诉。旅游者在旅游活动中如果觉得价格不合理、不公道，如酒店的客房、饮食、商品及服务等质量不好，收费过高，旅行社有增加新的收费项目等，财务受损失或身体、精神受到伤害，会直接向旅行社或酒店索赔或诉诸新闻媒介，采取法律手段要求赔偿、取得新的心理平衡。

5. 求保护心理

旅游者敢于投诉，是自我保护意识的觉醒。通过合法的途径投诉，既是为自己，也是为所有的消费者寻求利益保护。通过投诉，使相关部门重视旅游者的反映，并不断改进服务质量，旅游者才能在今后的旅游中得到更优质的服务。

课堂探讨活动

● 鉴貌辨色训练：

目的：通过活动使学生观察力得到训练，基本了解如何应用鉴貌辨色方法。

操作：观察身边的某个同学，了解他（她）的衣着打扮、语言、动作、生活习惯等，并分析他（她）的性格特点。

时间：20分钟。

要求：观察仔细认真，叙述客观贴切。

第三节　处理旅游投诉的技巧

引导案例

杭州的谢女士及同事共16人参加当地某旅行社组织的五天四晚三亚游，因为觉得旅行社提供的1 880元的行程太紧，经协商修改了部分行程，以求宽松休闲。最终双方签订的合同定价为2 050元，其中报价单上自费项目为“南山佛教文化苑150元+素斋48元+电瓶车35元”。

到了三亚以后，谢女士发现组团社与地接社沟通不足，未能把自己希望行程宽松的要求转达给地接社，地陪以旅游景点同方向为由，未征求团队的意见，擅自把前2天的行程压缩为1天，使得她们疲于奔命，休闲的目的无法实现，而最后整整一天则没有安排，在住处闲置。

谢女士及其同事还发现旅行社发给她们的门票中，南山佛教文化苑的门票面额为138元，而电瓶车为25元，明显低于合同报价。

回杭州后，谢女士与旅行社交涉，旅行社只答应退还多收的门票费用，以行程上附有“旅行社在不降低服务标准及不减少景点的前提下，有根据实际情况对线路作合理调整的权利”为由，不承认压缩行程为违约行为，只同意退赔她们每人50元。最终导致她们向省质监所投诉。

思考：本案例中，旅游者为何要投诉旅行社？旅行社是否应当承担违约责任？

分析：在本案例中，旅行社报的门票、电瓶车价格均高出实际价格；另外，地接社未经旅游者同意，把原合同签订的两天游程压缩成一天，使旅游者第一天疲于奔命而最后一天在住处闲置，确实属于违约行为，侵犯了旅游者的利益。而当旅游者与旅行社交涉时，旅行社仅答应退还多收的门票费用，而不承认其违约行为，最终因不能与旅游者达成一致意见而被投诉到省质监所。旅行社这样做不但要承担违约责任，其企业的声誉也会受到影响。因此，在旅游投诉处理过程中，一定要把握好处理原则与技巧，重视做好旅游投诉的服务工作。

一、旅游者投诉的处理原则

旅游者的怨言无论如何微小，都容易成为导火线，引起意外的麻烦。旅游企业管理者、导游或服务人员应该积极采取对策来避免事态升级，防患于未然。如不能事先防止，在抱怨和投诉发生之后，应该慎重处理，绝不能采取不闻不问的态度。

1. 对旅游者的投诉要耐心倾听、弄清真相，绝对不要急于辩解或反驳

旅游者投诉时，旅游企业管理者或服务人员首先应当有礼貌地接待，条件允许时可以选择一个清静的地方，倒一杯香茶，让其坐在舒服的沙发上慢慢讲述。这样做的好处是不会影响到其他客人，投诉的旅游者也会逐渐平静下来。其次，要耐心地听他们把话讲完，因为旅游者心中有怨气，不发泄出来，心里是不会舒服的，耐心有时可以使本来暴跳如雷的旅游者自然地平静下来。耐心地听其投诉，也是为了弄清事情的真相，以便妥善处理。有的经理、主管在听旅游者投诉时，急于辩解和反驳，这样做的结果往往不好。因为旅游者的心里希望酒店的工作人员接受他的意见，而不是来听辩解和反驳的，急于辩解和反驳甚至会使旅游者带着积怨与不满愤然而去。

2. 同情旅游者，以诚恳的态度向其道歉

当旅游者投诉时，切忌置之不理或与之发生争吵。有些人认为，旅游者投诉是“多事”“有意找茬”，抱着这种态度不利于问题的解决。如果服务人员能向旅游者提供周到的服务，旅游者一般是不会来投诉的。要牢记“闻过则喜”的古训，当旅游者前来投诉时，在适当的时候应当对旅游者表示同情，这样做容易使旅游者平静下来。如一位旅游者坐船出外游玩后回到宾馆餐厅，向服务员抱怨说，出发时没有把他的饮料送到船上。服务人员先责怪厨房，接着又责怪导游，为什么装船时不核对好。服务人员的做法令本来已恼怒的旅游者大发脾气。但是，餐厅主管听完旅游者的投诉后，对旅游者说：“对不起，在船上没有清凉饮料，一定热得很。”一句同情旅游者的话使旅游者逐渐消了气，在离开时，情绪已大为好转。

3. 区别不同情况，在征得旅游者同意后做出恰当的处理

对一些明显的工作失误，应马上道歉，在征得旅游者同意后给予一定的补偿。征得旅游者同意是为了避免处理时不合旅游者意愿，反而使问题更加复杂化。对一些不能马上处理的问题，应让旅游者知道事情的进展。例如，空调机坏了，要多长时间才能修好

应告知旅游者。对一些较复杂的问题，在弄清真相之前，不应急于表态或处理，而应当有礼、有节，在旅游者同意的基础上做出处理。如有位旅游者投诉说旅游购物时买了一台 DV 机，后来发现是次货，要求退换。工作人员请了另一位熟悉 DV 机的同事检查后，发现是旅游者误操作造成的，便耐心地向旅游者解释，在征得旅游者同意后将机子包装好后送还。

4. 不损害企业利益和形象

处理投诉时要真诚地为旅游者解决问题，保护旅游者利益，但同时也要注意保护旅游企业的合法利益，维护企业的整体形象。不能只注重旅游者的陈述，讨好旅游者，轻易表态，给企业造成一定的损失，更不能损害抱怨某一部门，贬低他人，推卸责任，使旅游者对旅游企业的整体形象产生质疑。对涉及经济问题的投诉，要以事实为根据，具体问题具体研究，仅从经济上补偿旅游者的损失和伤害不是解决问题唯一有效的方法。

二、处理旅游者投诉的程序

接待旅游者投诉的过程也是向旅游者进行补救性心理服务的一个重要组成部分，应耐心而诚恳地接待旅游者的投诉。

1. 要耐心、认真地倾听投诉人的叙述

旅游者投诉时，心中一定有怨怒，不发泄出来，情绪无法平静，服务人员应该有礼貌地接待，耐心听他们把话说完。听取意见时，可以适当做些记录，便于以后核实；保持冷静，不要辩解和反驳，尤其是在投诉者宣泄愤怒时，接待人员不适时地解释可能会被认为是在推脱或狡辩，从而招致更多的不满。

2. 要立即向旅游者认错、表示道歉

不管在什么情况下，当旅游者投诉时，都应该虚心接受，表示歉意。如果是本企业的问题，即使接待投诉的服务人员可能与投诉产生的原因毫无关系，也要立即向旅游者认错，表示歉意，然后对产生问题的原因再作进一步说明。

有些投诉常常是因为误会。如果是旅游者误解了，服务人员仍然可以表示歉意，不要阻拦对方提出自己的要求，不要指责或暗示旅游者错了，更不要马上进行自我辩解，与旅游者争吵绝对不可取。旅游者比较容易接受服务人员采取的歉意态度，即使旅游者真的错了，辩解也毫无益处，而道歉是不需要成本的，道歉会使投诉者觉得你的态度诚恳，能够消除旅游者的怨恨，当怒气平息时，旅游者会认识到自己的过失。

在表示道歉时要注意用语，表示出一种诚意。例如可以说："非常抱歉让你遇到这样的麻烦""这是我们工作的疏漏，十分感谢您提出的批评"等。心中如果不服气，虽然口里说着道歉的话语，脸上还是会流露出不满的表情，所以道歉必须要发自内心才能使旅游者接受。

3. 要对旅游者表示安慰和同情

前来投诉的旅游者一般总是觉得自己受到了伤害，是带着一颗“受伤的心灵”来要求主持公道的。如果去触碰那“受伤的心理”，一定会遇到剧烈的反应。这时，服务人员必须对旅游者表示安抚和同情，比如可以说“我对您感到气愤和委屈的情绪非常理解，如果我是您，我也会有和您相同的感受。”对投诉的旅游者做出一些同情和理解的表示，是安慰其已经受伤心灵的最好方法，也是把他的注意力引向解决问题而不是拘泥于令人烦恼的细节和令人沮丧的情绪的唯一途径。

投诉者所说的事情有时可能不是真实的，但他仍然希望服务人员能够对他表示同情和理解，对于那些夸大其词、喋喋不休的投诉者仍然可以给予他们适当的关注，以安抚他们的情绪。如果他们还纠缠不休，可以将他们带到上级主管部门，而不能置之不理。如果旅游者大发雷霆，服务人员一定要镇定，保持冷静，不要计较旅游者过激的言行，对他们某些过激的态度表示宽容，要理解他们此时的心情，让他们宣泄不满的情绪，并设法平息事态。

能够说服旅游者的往往不是严密的逻辑推理或滔滔不绝的大道理，对旅游者的情绪做出一些同情和安慰的表示，才能唤醒旅游者的理性，引导事态向着双方都有利的建设性方向发展。

4. 要采取积极的行为，找到一个解决问题的方法

为了不使问题进一步复杂化，节约时间，不失信于旅游者，必须认真做好这一环节的工作。如果是自己能够解决的，应该迅速回复旅游者，告诉旅游者处理意见；如果是饭店服务的失误，应立即向旅游者道歉，在征得旅游者同意后，做出补偿性处理。旅游者投诉的处理如若超出自己的权利范围，须及时向上级报告；如果暂时不能解决投诉，要耐心向旅游者解释，取得原谅，并请旅游者留下地址和姓名，以便告诉旅游者最终的处理结果。

知识链接

服务行业投诉处理“五字诀”

1. 听

对待任何一个旅游者的投诉，不管是鸡毛蒜皮的小事件，还是较棘手的复杂事件，作为受诉者都要保持镇定、冷静，认真倾听旅游者的意见。谁都有太多话要说，所以倾听是一种尊重，要表现出对对方高度的礼貌、尊重。这是旅游者发泄气愤的过程，不应也不能反对旅游者意见，这样旅游者才能慢慢平静下来，为问题的解决提供前提条件。

2. 记

在听的过程中，要认真做好记录，尤其是旅游者投诉的要点，讲到的一些细

节，要记录清楚，并适时复述，以缓和旅游者情绪。这不仅是快速处理投诉的依据，也为以后服务工作的改进作铺垫。

3. 析

根据所听所写，及时弄清事情的来龙去脉，然后才能做出正确的判断，迅速响应、反应，拟定解决方案，与有关部门取得联系，商讨一起处理的方法。旅游者满意第一，部门责任第二。

4. 报

对发生的投诉做出决定或是当前职位难以处理的问题，及时上报主管领导，征求意见。不要遗漏、隐瞒材料，尤其是涉及个人自身利益，更不应该有情不报，旅游者利益事大，自己处分事小，隐瞒不报，查出后果更严重。

5. 答

征求了领导的意见之后，要把结果及时反馈给旅游者，做到有诉必应，不让旅游者的话石沉大海。如果暂无法解决的，应向旅游者致歉，并说明原委，请求旅游者谅解，不能无把握、无根据地向旅游者保证、讨好性允诺。

三、处理投诉的技巧

投诉固然反映了旅游者的不满，但也反映了旅游企业工作中的不足，企业应将其看成是了解服务和管理不足的机会，有针对性地采取改进措施，掌握处理投诉的技巧来提高企业的美誉度。此外，妥善处理旅游者投诉会改善公众对企业的印象，从而加深旅游者和企业之间的感情，避免企业发生危机。

1. 要让旅游者得到替代补偿性的满足

替代是指人们在不能以特定的对象或特定的方式来满足自己的欲望、表达自己的感情时，改用其他的对象或方式使自己得到一种“替代”的满足或表达，用来减轻以致消除自己挫折感的心理调节方法。

补偿是指一个人在生活的某一方面的需要无法获得满足而产生挫折感时，转而到其他方面去寻求更多的满足，使自己得到补偿的心理调节方法。

当旅游者由于服务的缺陷而感到不满时，服务人员要让旅游者得到某种“替代的满足”或得到某种“应有的补偿”，以此来消除旅游者的不满意。

尽最大努力去满足旅游者的需求，在不能完全按照旅游者的心愿去满足旅游者的要求时，要征求旅游者的同意，用其他的方式去满足旅游者的需要。遇到需要过一段时间才能让旅游者得到满足的情况时，最好是马上给旅游者一些及时的替代满足。对那些觉得吃了亏的旅游者，应该设法让他们得到补偿。在功能服务有缺陷时，常常可以通过心理服务来使旅游者得到补偿。

2. 引导旅游者往好处想

当人们遇到自己不愿意接受而又不得不接受的事情时，往往会用一种解释使这种无法接受的事情“合理化”，为自己找到一个借口来进行辩解，以达到心理平衡。当旅游者遇到不顺心的事情时，服务人员也应该引导旅游者往好处想。在服务有缺陷而使旅游者感到不满时，也要让旅游者知道这并不是服务人员不愿意为他们提供更好的服务，事实上服务人员已经尽心尽力了，能够让旅游者觉得服务工作中的缺陷是“可以谅解”的，就能够减轻以至消除他们的不满情绪，使他们对服务人员表现出合作而不是对立的态度。

当旅游者遇到不顺心的事情时，要尽可能引导旅游者看到事情也有好的一面，最好是能够经过努力把坏事变成好事。

3. 让旅游者出了气再走

宣泄是指当一个人遇到某种挫折时，把由此而引起的悲伤、沮丧和愤怒、不满等情绪痛痛快快地“发泄”出来的心理调节方法。能够把情绪发泄出来，就能比较理智地来对待这个挫折，以后也比较容易忘掉这个挫折，而不至于总是耿耿于怀。当旅游者由于服务的缺陷而感到不满意时，服务人员也应该让旅游者“宣泄”自己的情感，让他们“出了气再说”或者“出了气再走。”

知识链接

让激动的投诉旅游者“转怒为喜”的“CLEAR”方案

旅游者在投诉时，往往情绪会比较激动，从而失去理智，不利于投诉的处理。因此，投诉接待人员应想方设法先让旅游者平息怒气，尽量让旅游者冷静下来。如何平息旅游者的不满，使被激怒的旅游者“转怒为喜”，不妨尝试下“CLEAR”方案，该方案包括以下步骤：

C——Control（控制）：即控制情绪，沉着冷静，自己不能乱了分寸。

L——Listen（倾听）：即倾听旅游者诉说，了解并分析投诉产生的关键环节。

E——Establish（建立）：即建立与旅游者的共鸣，站在旅游者的角度思考。

A——Apologize（致歉）：即不管错在何方，首先要对事件的发生表示歉意，但并不代表承认错在企业方。

R——Resolve（解决）：即给出选择的解决方案，而并非让旅游者提出要求。

课堂探讨活动

- 投诉接待训练：

目的：通过模拟投诉接待场景，使学生掌握如何面对旅游投诉。

操作：教师设计投诉案由，由学生分组扮演旅游者和旅游投诉接待人员的角色，双方进行沟通接洽。最后由教师进行适度调控和评价。

时间：20分钟。

要求：扮演旅游投诉接待人员的学生应充分利用所学知识，沉着冷静地面对投诉；扮演旅游者的学生可以自由发挥，增加对方的应对难度。

思考与练习

1. 如何理解旅游投诉对企业的意义？
2. 引起旅游者投诉的原因有哪些？
3. 旅游者投诉的心理需求表现在哪些方面？
4. 如何理解处理旅游者投诉的原则？
5. 处理旅游者投诉的正常程序是怎样的？
6. 处理旅游者投诉的技巧有哪些？

第五章

旅游服务人员心理建设

chapter 5

现代旅游服务工作尤其是导游工作具有独立性强、脑力劳动与体力劳动结合、复杂多变和关联度高的特点，而对于从事现代旅游服务的工作人员，要想胜任这项具有挑战性的工作，就必须具备相应的素质。同时，作为一名旅游服务人员，经常处于一个高强度、高压力的工作环境中，应学会以恰当的方式抚慰心灵、化解矛盾、舒缓压力，掌握正确对待挫折及工作压力的方法，并能够进行心理异常的调节。

学习目标

- 了解自我认识的方法与气质类型。
- 掌握自我控制和人格培养的方法。
- 正确掌握良好心理素质的培养途径。
- 掌握减轻压力的方法。
- 正确运用心理异常自我调节的方法。

第一节 气质与人格的培养

引导案例

导游小陈十分在意他人对自己的看法，有时常因别人的只言片语而好几天心里不舒服。一次，由于和某同事之间发生了一点小摩擦，她逮着机会就向别的同事诉苦。有一位同事对她说："受了点委屈就像祥林嫂一样，见谁都说一遍。"她听了非常苦闷，感到周围的人都不理解她，觉得这个单位的同事不好交往，设法换了一个单位。没过多久，同样的事情又发生了。

思考：为什么导游小陈在换了公司后还出现认为周围的人都不理解她，总觉得单位同事不好交往的心理呢？

点评：导游小陈是因为对自己缺乏正确的评价，对自己与他人的关系不能正确认知而导致的人际交往障碍。这样的事例在人们的生活、工作中并不少见。因此，作为旅游服务人员，认识自我对心理健康水平和心理素质的提高，对正确人生奋斗目标的树立，以及人们心灵的成长和事业的成功，都有着重要的意义。

一、自我认识及气质的培养

1. 自我认识与自我认识的方法

（1）自我认识的含义

自我认识是要对"我"的过去、现在、未来进行主观和客观的评价和认识。自我认识包括自我感觉、自我观察、自我分析和自我评价，包括对自己的生理状况、心理特征以及自己与他人关系的认识。

能正确地认识自己并接受自己是心理健康的标准之一。通过自我认识，清楚地掌握自己的优势，并充分发挥；了解并及时觉察自己的不足，使它能被最大限度地克服；接受因自己失误造成的遗憾，不让自己沉迷于自责中而造成更大的失误。

（2）自我认识的方法

一般可以通过以下方法认识自我：

1）自省法。自省是一种自我体验。圣人还要做到每日"三省吾身"，可见自省在个人修养中的重要性。人们往往在实际生活、学习、工作中，通过反思和自我检查来认识自己的个性特长、能力以及自己的优缺点。自省实质上就是一个正视自己、反思自己、认识新我、发现新我、促进自身发展的过程。

2）他评法。通过他人的评价来认识自己。他人评价比主观自省具有更大的客观性。在实际生活中，人们常通过同龄伙伴的评价来认识评价自己，也很在乎周围人对自己的认识、评价。容易犯的错误是只接受某些方面的评价，通常是只听得赞美的话，听不得批评的话。另外，对于他人对自己的评价也要注意认知的完整性，兼听则明，偏听则暗，不能只听一面之词。只有这样，才能恰如其分地认识自己。

3）比较法。在比较中认识自己。可以通过与同龄伙伴在个性、能力、与人交往的态度、情感表达方式等方面进行比较，找出自己的特点，确定自己在同龄群体中的位置，进一步认识自己。比较中要注意比较对象的选择，要寻找适合自己实际情况、与自己多方面条件相近的人进行比较。只有这样才能比较客观、公正地评价自己、认识自己。

4）心理学方法。即在专业的心理咨询师或心理辅导员的指导下进行心理辅导，运用心理测量表进行测验。这些方法可以使人们更直观、科学地了解自己。

2. 认识气质和气质培养

（1）认识气质

在日常生活中，我们说“这人气质真好，很有风度。”这里的气质与风度表达的是同一个意思。但在心理学中说的气质却不等同于风度：风度主要指一个人的外表，包括容貌、仪表、姿态等；而心理气质则是指“脾气”“性情”等，它是心理活动动力特征的总和，主要表现在心理活动的速度、强度和稳定性方面。

在心理学中，四种最典型的气质类型依次是胆汁质、多血质、黏液质和抑郁质。

1）胆汁质。胆汁质的人反应速度快，具有较高的反应性与主动性。这种类型的人情感和行为动作产生得迅速而且强烈，有极明显的外部表现；开朗、热情、坦率，脾气暴躁、好争论；情感易冲动但不持久，易产生过激行为和人际关系矛盾；精力旺盛，能坚持长时间的工作而不知疲劳；思维具有灵活性，但对问题的理解有粗枝大叶、不求甚解的倾向；意志坚强、勇敢果断，注意力稳定而集中；行动利落、敏捷，说话速度快且声音洪亮。

2）多血质。多血质的人行动具有很高的反应性，情感和行为动作发生得很快，变化得也快，但较为温和；感情发生快，但体验不深，善于社交，容易适应新的环境；语言具有表达力和感染力，姿态活泼，表情丰富，有明显的外倾性特点；机智灵敏，思维灵活，但常表现出对问题不求甚解；注意力与兴趣易转移，不稳定；在意志力方面缺乏耐性，毅力不强。

3）黏液质。黏液质的人反应性低，情感和行为动作进行得迟缓、稳定，缺乏灵活性。情绪不易波动，也不易外露，淡漠少激情，遇到不愉快的事也不动声色；注意力稳定、持久，难转移；思维灵活性较差，但比较细致，喜欢沉思；在意志力方面具有耐性，对自己的行为有较大的自制力；态度持重，沉默执拗，办事谨慎细致，不鲁莽，但对新环境和新工作的适应性差，行为和情绪都表现出内倾性，可塑性差。

4）抑郁质。抑郁质的人有较高的感受性，情感和行为动作进行得相当缓慢、柔弱；情绪发生慢而强，体验深沉，隐晦而不外露，多愁善感；往往富于想象；具有敏锐的觉察力，善于观察他人观察不到的细微事物，敏感性高，思维深刻；在意志方面常表现出胆小怕事、优柔寡断，受到挫折后常心神不安，对力所能及的工作表现出坚忍的精神；不善交往，较为孤僻，具有明显的内倾性。

实际生活中，只有少数人是典型的气质类型，多数人是介于各种类型之间的中间类型，有可能是两种、三种甚至四种气质类型的混合。如有的人是胆汁质和多血质的混合型，有的人是多血质和黏液质的混合型等。需要注意的是，气质无好坏之分，每种气质类型都有其自身的显著优点和缺点。一个人的气质类型会决定其为人处世的方式，但并不能决定其社会价值。每个人的世界观、信仰、道德品质以及兴趣爱好等，并不依赖于他的气质。

（2）导游人员的气质培养

气质是在一点一滴的工作和生活中不断培养而成的，在日常生活中要从以下几个方面进行自我锻炼。

1）站姿。挺直身体，抬头挺胸收腹，但不要把头仰上天，保持身体是平的。经常保持这样的站姿就可以养成习惯。

2）坐姿。要保证端正的坐姿，臀部只坐椅子的三分之一，坚决杜绝跷二郎腿。双腿要自然下垂，两腿不能叉开。

3）走姿。走路时不要低着头像是在数脚趾头，要挺胸收腹抬头，但不要横冲直撞；女性可以适当扭动臀部，但不可全身都扭动，否则会给人轻浮的感觉。

4）穿着。在进行导游服务时，导游人员的穿着打扮不需要追求名牌，要选择适合自己年龄和身材，凸显自己气质个性的服饰。

5）微笑。既不要笑得花枝乱颤，也不可以呆若木鸡。要笑不露齿，轻轻地扬起嘴角。对于旅客提出的各种问题，都要尽量微笑着回答。

二、自我控制

1. 自我控制的含义

自我控制是在自我评价的基础上，在自我体验的影响下，人们对自己的行为、思想、语言以及与他人关系的调节和控制。例如，“我怎样克制自己不再那么容易冲动”“我怎样改变自己”“我怎样才能成为自己理想中的那种人”等。自我控制包括自立、自强、自制、自律等形式。

旅游工作者在工作中应控制的情绪主要是激情和不良心境。

2. 自我控制的方法

（1）激情的自我控制

激情是由一些重大事件或冲突所引起的强烈的情感体验。人处于激情状态时，认识会变得狭窄，注意范围缩小，自控力降低，常常会做出一些愚蠢可笑或令人悔之不及的事情。旅游工作者如在旅游者面前激动起来，会因失态而造成工作上的差错。控制过激情绪的根本方法是加强自我修养，提高觉悟，提高认识水平，培养坚强的意志。具体的方法有以下几种：

1）自我提示。加强自我觉察力，一旦意识到自己处于过激情绪状态，可以运用自我暗示法，立即提醒自己“一定要冷静，不要冲动”，也可以在墙上贴上“忍”“静”等字样，时刻提醒自己要控制情绪。

2）改变环境。当自己情绪激动时，马上离开引起冲动的环境和对象，脱离刺激情境，平稳自己的情绪。

3）转移注意。当情绪开始高涨时，也可以强迫自己做些无意义或与激情时生理反应相反的事以抑制激情。比如做深呼吸、数数、用舌头在嘴里转圈等，这些都可以缓解激情；跑步、打球、听音乐等活动也可以使激情舒解。

4）宣泄。痛苦或愤怒的时候，大哭一场，或大声喊叫，或与亲友谈心，把积累的悲伤和怨恨发泄出来，以冲淡过激情绪。此外，运动也是一种很好的发泄方式。

5）多想后果。当过激情绪爆发时，在采取任何行动之前多想想引起的后果或可能产生的恶劣影响，从而抑制它。如果在冲动之前能稍作思考、权衡得失，心情也会慢慢平静下来。

总之，旅游工作者应根据自己的情况采取有效的方法，控制过激情绪。

课堂活动

三个“我”

目的：协助个体作自我反省，促进协调自我。

操作：分别写出“理想的我”“别人眼中的我”“现实的我”。写好后对三个“我”做出对比，主要是看三个“我”是否协调和谐，差异是什么，尝试找出原因。

评价：

（1）当一个人自己和他人眼中的“我”没有太大的差距，个人的理想也没有脱离现实时，就是一个自我形象明确而健康的人。

（2）通过比较“理想的我”与“现实的我”，可以发现两者之间存在差异甚至矛盾之处，同时也会发觉自己对人生的一些深层感受和渴求。

（3）当三个“我”不协调时，要反问自己：别人为何不了解我？我为何不能表里一致？我的理想正确、具体、实际吗？我主观尽力了吗？我的心理潜能发挥了多少？

（2）心境的自我控制

心境就是心情，是个人生活中一些重大事件的遗留影响。人际关系、环境气候、健康状况都会影响人的心境。良好的心境让人觉得一切都很美好，工作起来心情舒畅，对旅游者满怀热情，百问不厌；心境不良时，会觉得一切都不顺心，工作打不起精神，对旅游者的提问感到厌烦，服务态度恶劣。不良的心境不仅影响工作，还会影响人的健康。旅游工作者应学会控制心境，始终保持真诚的笑脸。

保持良好的心境，首先应正确对待生活和工作中出现的问题，遇事不要耿耿于怀。其次，应培养广泛的兴趣，保持乐观开朗、豁达大度的性格，与周围的人建立良好的人际关系。再次，应积极锻炼身体，合理安排作息时间，保持旺盛的精力。最后，美化环境，为自己创造美好的生活空间，也会使自己心情舒畅。

（3）培养高尚的情感以控制不良心境

优秀的旅游工作者应该有美好的心灵、高尚的情操、健康的美感和高尚的道德感。

美感有明显的时代、区域和个体差异，同时，美感也有许多一致的地方，自然景物可以引起人们共同的美感。桂林山水令人产生清秀脱俗的美感，北方连绵的群山使人产生雄浑壮观的美感。美感还可由事物的感性特征引起，如色彩、线条，形状的协调、匀称和规则等；也可由令人鼓舞、兴奋、欢愉、感动的具体内容引起。

培养健康的美感，首先应分清什么是有益于人们身心健康的真正的美，什么是使人颓废的、低级庸俗的。把事物外在的美与内在的美统一起来，追求心灵美、语言美、行为美和环境美。其次，应用美好的事物陶冶自己的审美情趣，例如，投身美好的大自然，积极参与艺术鉴赏和制作，学会欣赏音乐、美术及各种艺术品等，逐渐培养起健康的美感。

道德感包含爱国主义、集体主义，人们常说的团队精神就是集体主义的具体表现。在旅游活动中，导游与司机的密切合作，饭店服务员与厨师的精诚合作都是一切活动正常运转的保障。此外，还应在工作中培养自己的责任感、义务感、友谊感。总之，应提倡大公无私、克己奉公、爱憎分明、自我监督、自我完善的道德认识，在道德行为的自我训练中培养道德感。

三、认识人格和健全人格的培养

1. 认识人格

人格是各种心理特性的总和，也是各种心理特性的一个相对稳定的组织结构，在任何时间和地点，都影响着一个人的思想、情感和行为，使个体具有区别于他人的、独特的心理品质。

人格的心理特征是人的多种心理特点的独特的结合，构成了一个人心理面貌的独特性，说明了心理面貌的个体差异。它包括人的能力、气质和性格。

（1）能力

能力是顺利有效地完成某种活动所必须具备的心理条件，是个体的一种心理特征。导游人员应具备良好的语言表达能力、观察能力、记忆能力、处理事件的应变能力，还有与其他部门人员的协调沟通能力等。

能力的发展有着个体的差异。一般用智商来测量个体能力的高低，但智商的高低并不是一个人成就大小的唯一决定因素，机遇和一个人的个性品质也是极为重要的条件。

个体的遗传因素是能力发展的自然基础和前提，发达的社会经济条件、丰富的社会文化生活是能力发展的肥沃土壤，教育则是能力发展的关键。因此，能力的高低，在人的人格品质中，是可以靠自身努力得以改变和完善的。

（2）气质

气质类型的特点主要是先天形成的，所以，遗传因素相同或相近的人气质类型也比较接近。一个人的气质类型在一生中是比较稳定的，但又不是不能变化的。如果在童年时期生活条件极为恶劣，或者在成年时期遇到了重大的生活事件，也可能导致人的气质发生显著变化。但是当条件适宜的时候，原来的气质还会得到恢复。所以，也有人说气质的变化可能只是原有气质被掩盖的一种现象，即所谓的“江山易改，禀性难移。”导游人员不同的气质类型，会形成不同的导游风格，温婉含蓄的可能是黏液质的人，节奏鲜明的可能是胆汁质的人。

（3）性格

人格差异的核心是性格的差异。性格不同于气质，它受社会历史文化的影响，有明显的社会道德评价的意义，反映了一个人的道德风貌。判断一个人的性格，可以根据他对社会及他人的态度进行评价，如认真负责与漠不关心、谦虚谨慎与狂妄自大。也可以根据他对自己行为自觉调节的意志特征进行评价，如独立自主与优柔寡断、果断勇敢与固执怯懦。还可以根据他对自己情绪的控制能力进行评价，如积极与消极、稳定与波动等。完善的性格特征是丰富和统一的，是彼此关联又相互制约的，是稳定与灵活的，在不同的场合下会显露出一个人性格的不同侧面。鲁迅先生的“横眉冷对千夫指”“俯首甘为孺子牛”，充分表现了他性格的完善。性格是在社会生活实践中逐渐形成的，一经形成便比较稳定。性格的稳定性并不是说它是一成不变的，性格是可塑的。重大的生活事件也会带来性格特征的显著变化。

2. 健全人格的培养

健全人格是指人的内心、行为与社会环境和谐统一。具有健全人格的人，最显著的特点是，能够有意识地控制自己的生活，掌握自己的命运，他们正视过去，面对现实，着眼未来，迎接挑战，在实践中充分发挥自己的潜能并实现自身的价值。可通过多种途径来培养健全人格。

（1）了解自身特点，培养自我认识能力

许多人对自己的长处和短处不了解，对自己的个性和特点不清楚，对自己能做什么、适合做什么也不清楚，对将来的目标心中无数。有的人只看到自己的缺点，对自己的所谓“短处”产生自卑；有的人看不到自己的缺点，缺乏自省，而产生自负。无论是自卑还是自负，在遇到挫折和竞争的时候，都容易产生心理失衡。所以，我们要懂得客观地评价自己，只有看到自己的长处才能培养乐观健全的个性；只有清楚地知道自己的不足，才不会苛求自己去做力所不能及的事情；只有确定了客观明确的生活目标，才能在快乐的情绪中循序渐进、健康成长。

（2）学会倾听和表达，培养良好的人际交往能力

认真倾听他人的谈话和意见，使用恰当的语言同他人交流和沟通，这种“听”和“说”的技能是人际交往的重要环节。

有的人不会“听”，别人讲话时不专心、不耐烦或不理睬，使人产生不受尊重、被排斥的感觉；有的人不会“讲”，不讲心里话，缺乏自然坦诚的态度，有快乐不能同他人分享，有烦恼不能同他人分担。由于长期听不进来、说不出去，容易把自己封闭在狭小的天地里，形成独来独往、孤僻苦闷、固执偏激的性格特征，成为不受欢迎的人。在交往中不仅应该专注地听，还要学会巧妙地说，避免被误解和猜疑，形成良好的人际关系氛围。

（3）认识情绪，培养缓解压力的能力

由于生活经验和承受能力等方面的原因，人们有时很难把握自己的情绪，在遇到困难和矛盾时可能无法及时调整和控制自己的情绪，造成许多烦恼和冲突，而长期的情绪压抑很可能导致精神疾病。因此，要学会缓解精神压力，尤其是消极情绪，如嫉妒、愤怒、悲伤、恐惧等，要懂得和学会宣泄、放松，这样才能保持心理平衡和良好的心态，不仅心情愉快，而且在遇到困难的时候有能力做出冷静的处理。

（4）理解他人，培养换位思考能力

许多人际冲突都是因缺乏理解造成的，所以，克服以自我为中心、学会换位思考就显得十分重要。换位思考就是理解别人的想法、感受，站在对方的立场来看事情。了解对方的立场、感受及想法，就能够正确地思考与回应。理解和支持他人是一种付出，但在这种付出中双方都能获得快乐。

（5）有效解决问题，培养应对能力，增强受挫能力

人际交往中有和谐，也有利益冲突，怎样有效地解决这些冲突，需要学会应对的技巧和方法。但是人们往往由于缺乏应对的态度和方法而产生苦闷、难过、恐慌等心理问题，容易处于抑郁、焦虑之中。在遇到问题时，应首先弄清问题的大小、难度，什么是可以改变的、什么是不可以改变的；其次是接受，而不是抱怨；最后是寻找解决途径和行动。怨天尤人、自我谴责、回避矛盾都不是解决问题的正确态度。

（6）避免攻击性言行，培养自律能力

人际交往中，有时会因一点小事而产生摩擦和矛盾，闹点意见，会一时冲动，出现攻击性言行。如果不加以控制，任其发展，不仅对他人是严重的伤害，也会使自己事后感到遗憾。因此，我们要培养自己的自律能力，学会用和平的方式替代攻击性言行。这既是为人之道，也是健全人格养成的基本要求

课堂探讨活动

● 我的气质测试：

目的：测量气质类型。

操作：根据气质类型测量表自测。

时间：20分钟。

要求：根据提示如实回答，不要选择自认为好的选项。

附气质测量表：

下面60道题可以帮助你大致确定自己的气质类型。请根据自己的情况在很符合（A）、比较符合（B）、介于符合与不符合之间（C）、比较不符合（D）、完全不符合（E）这五个答案中选择适合自己的。

1. 做事力求稳妥，一般不做无把握的事。（ ）
2. 遇到可气的事就怒不可遏，想把心里话全说出来才痛快。（ ）
3. 宁可一个人干事，也不愿很多人在一起。（ ）
4. 到一个新环境很快就能适应。（ ）
5. 厌恶那些强烈的刺激，如尖叫、噪声、危险等。（ ）
6. 和人争吵时总是先发制人，喜欢挑衅。（ ）
7. 喜欢安静的环境。（ ）
8. 善于和人交往。（ ）
9. 羡慕那种善于克制自己感情的人。（ ）
10. 生活有规律，很少违反作息时间。（ ）
11. 在多数情况下情绪是乐观的。（ ）
12. 碰到陌生人会觉得很拘束。（ ）
13. 遇到令人气愤的事，能很好地克制自我。（ ）
14. 做事总是有旺盛的精力。（ ）
15. 遇到问题总是举棋不定，优柔寡断。（ ）
16. 在人群中从不觉得过分拘束。（ ）
17. 情绪高昂时干什么都有趣，情绪低落时干什么都没意思。（ ）
18. 当注意力集中于某一事物时，别的事很难使我分心。（ ）
19. 理解问题总比别人快。（ ）
20. 碰到危险情境，常有一种极度恐惧感。（ ）

21. 对学习、工作、事业怀有很高的热情。（　　）
22. 能够长时间做枯燥、单调的工作。（　　）
23. 符合兴趣的事情，干起来劲头十足，否则就不想干。（　　）
24. 一点小事就能引起情绪波动。（　　）
25. 讨厌做那种需要耐心、细致的工作。（　　）
26. 与人交往不卑不亢。（　　）
27. 喜欢参加热烈的活动。（　　）
28. 爱看感情细腻、描写人物内心活动的文学作品。（　　）
29. 工作学习时间长了，常感到厌倦。（　　）
30. 不喜欢长时间谈论一个问题，愿意实际动手干。（　　）
31. 宁愿侃侃而谈，不愿窃窃私语。（　　）
32. 别人总是说我闷闷不乐。（　　）
33. 理解问题常比别人慢些。（　　）
34. 疲倦时只要短暂的休息就能精神抖擞，重新投入工作。（　　）
35. 心里有话宁愿自己想，不愿说出来。（　　）
36. 认准一个目标就希望尽快实现，不达目的，誓不罢休。（　　）
37. 学习、工作一段时间后，常比别人更疲倦。（　　）
38. 做事有些莽撞，常常不考虑后果。（　　）
39. 老师讲授新知识时，总希望他讲得慢些，多重复几遍。（　　）
40. 能够很快地忘记那些不愉快的事情。（　　）
41. 做作业或完成一件工作总比别人花的时间多。（　　）
42. 喜欢运动量大的、剧烈的体育运动或参加各种文艺活动。（　　）
43. 不能很快地把注意力从一件事转移到另一件事上。（　　）
44. 接受一个任务后，就希望能把它迅速完成。（　　）
45. 认为墨守成规比冒风险强些。（　　）
46. 能够同时注意几件事物。（　　）
47. 当我烦闷的时候，别人很难使我高兴起来。（　　）
48. 爱看情节起伏跌宕、激动人心的小说。（　　）
49. 对工作认真严谨，具有始终如一的态度。（　　）
50. 和周围人的关系总相处不好。（　　）
51. 喜欢复习学过的知识，重复做能熟练做的工作。（　　）
52. 希望做变化大、花样多的工作。（　　）
53. 小时候会背的诗歌比别人记得清楚。（　　）
54. 别人说我“出语伤人”，可我并不觉得这样。（　　）
55. 在体育活动中，常因反应慢而落后。（　　）
56. 反应敏捷、头脑机智。（　　）
57. 喜欢有条理而不甚麻烦的工作。（　　）

58. 兴奋的事情常使我失眠。（　　）

59. 老师讲新概念，常常听不懂，但是弄懂了以后很难忘记。（　　）

60. 假如工作枯燥无味，马上就会情绪低落。（　　）

记分规则：

很符合：2 分，比较符合：1 分，介于符合与不符合之间：0 分，比较不符合：–1 分，完全不符合：–2 分，得分为各种类型题号对应分数之和。

气质类型	题号	得分
胆汁质	2、6、9、14、17、21、27、31、36、38、42、48、50、54、58	
多血质	4、8、11、16、19、23、25、29、34、40、44、46、52、56、60	
黏液质	1、7、10、13、18、22、26、30、33、39、43、45、49、55、57	
抑郁质	3、5、12、15、20、24、28、32、35、37、41、47、51、53、59	

确定气质类型的标准：

1. 如果某类气质得分明显高出其他三种，且均高出 4 分以上，则可确定为该类气质。如果该类气质得分超过 20 分，则为典型；如果该类气质得分在 10 ~ 20 分，则为一般型。

2. 两种气质类型得分接近，其差异低于 3 分，而且高于其他两种 4 分以上，则可定为这两种气质的混合型。

3. 三种气质得分均高于第四种，而且接近，则为三种气质的混合型，如多血质—胆汁质—黏液质混合型或黏液质—多血质—抑郁质混合型。

第二节　良好心理品质的培养

引导案例

按旅游团的原定计划，小张的团队应该是晚上 7：00 整在 A 市游湖赏月，但是，在赶 A 市的路上遇到交通事故，等他们到达 A 市时，已经是晚上 8：30 了，原来计划要坐的那班游湖赏月船早已开走。于是，小张和地陪人员先把旅游者带到餐厅去用餐，然后把情况通知了地接社。当小张在等待地接社的决定时，旅游者们在餐厅里也议论开了。小张觉得事情发生变化，旅游者有些议论也是正常的，就没在意。

旅游者们吃完饭后陆续来到大厅，并在一起不停地议论，表情也越来越严肃。小张刚走出餐厅，旅游者甲便冲着他喊“张导！你过来一下，我们有话对你说。”小张走近旅游者，发现旅游者们都一脸的愤愤不平，此时，才感到有些不对头。旅游者们要求：“今天是来赏月的，请张导务必安排。”小张面有难色地说：“我们在路上堵车的时间太长，原来安排的船早就开了，最后一班船也马上要开了……”旅游者坚持认为不应由他们来承担这个后果，表示“难道你们收了钱，就不管了吗？”小张耐心地对旅游者解释：“地接社正在想办法。如果今天不能游湖，明天还可以去嘛，俗话说，十五的月亮十六圆……”小张的话惹恼了旅游者，“再敢胡说八道，别怪我骂人了！”旅游者甲大声地打断了小张的话，声称今晚不能游湖赏月，明天就会向媒体公布此事，投诉旅行社。

思考：这个团队的骚动，经历了一个从“酝酿”到“爆发”的过程，请思考导游小张在处理这件事情上，有哪些方面做得不够成熟？

点评：上述案例中，如果导游小张能够敏锐地观察到旅游者的情绪变化，并且注意提高与地陪沟通的能力以及与司机提前沟通路况等工作能力，在提供服务和处理问题时发挥良好心理品质，正确引导旅游者，就可避免这种情况的发生。因此，作为旅游服务人员，应不同维度来掌握心理素质的培养方法，切实提高个人的心理素质。

一、注意力的培养

人在集中注意于某个对象时，常常伴随有特定的生理变化和表情动作。例如，有适应性运动，如在注意听一个声音时，耳朵会转向声音的方向，即所谓的“侧耳倾听”；有无关运动的停止，如旅游者在听导游讲故事听得入神时，双眼会紧盯着导游，原来活动着的双手会一动不动；有呼吸运动的变化，如高度紧张时，会有呼吸停止的感觉。

注意力就是注意的能力，良好的注意力是人们做好任何一件工作的基本前提。学生缺乏良好的注意力，学习成绩就很难令人满意；旅游工作人员如果缺乏良好的注意力，就不能很好地完成自己的工作任务。旅游工作者应从以下几方面培养注意力。

1. 注意稳定性培养

如图 5—1 所示为一幅双关图，可以显现两种图形，大多数人会两种图形不断闪现；也可以设法使图形尽量保持在一种状态，这就涉及注意稳定性的培养。

图 5—1　双关图

在工作、学习中保持稳定的注意，活动才能顺利进行。注意分散就会出差错，影响活动效率。

注意稳定性产生于有意注意，它与人们对所从事活动的目的和意义的理解，以及本人的需要、兴趣等有关。对活动目的意义的认识越深刻，兴趣越浓，态度越积极，注意就越容易稳定。注意稳定与否还与注意对象的特点有关。对象内容贫乏、单调、静止，注意就难以稳定；对象内容丰富多变、活动有趣，注意就容易稳定。注意能否稳定还与人的个性和生理状态有关。意志薄弱的人易受外界干扰而分心，生病、疲劳时，注意力也难以稳定。

2. 注意范围的扩大

注意范围也叫注意广度，是指一个人在同一时间内能清楚地观察到的对象的数量。

影响注意范围的因素有两方面：一方面是注意对象的特点，注意对象越集中，排列越有规律，越能成为互相联系的整体，注意的范围就越大。如图 5—2 所示，我们可以一眼看出左图中有 9 个对象，右图则没那么容易一眼看出。另一方面是注意者的知识经验，知识经验丰富的人比知识经验不足的人注意范围大，对熟悉的事物注意范围比对生疏的事物注意范围大。如有的人看书时可以一目十行，有的则必须逐字地看。

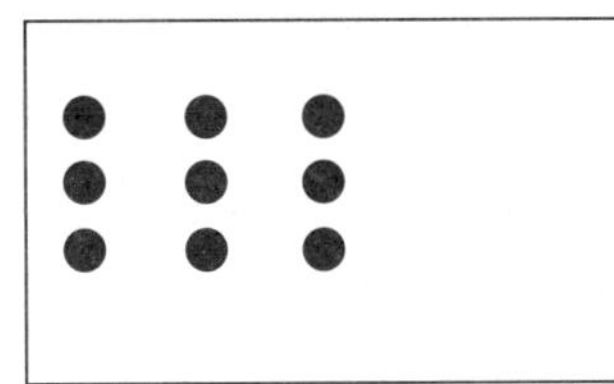
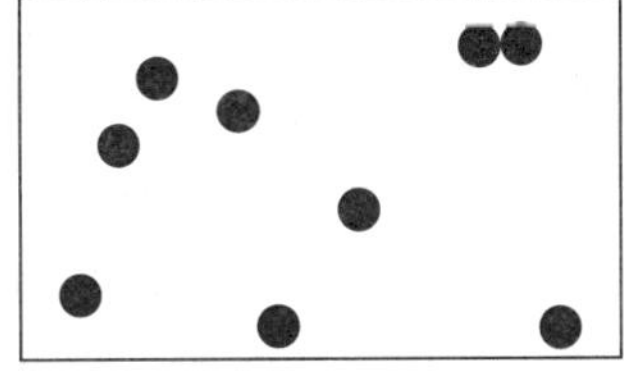

图 5—2 注意范围的比较示意图

注意范围的大小对做好服务工作是重要的。如果旅游工作人员的注意范围大，就可以在工作中全面掌握旅游者的情况，眼观六路、耳听八方，对旅游者细小的手势、细微的表情都能迅速做出反应，从而及时提供周到的服务。如果旅游工作人员注意范围狭小，就会出现旅游者多次举手示意也看不见的现象，导致旅游者反感。因此，旅游工作人员应努力扩大自己的注意范围。首先，应努力熟悉自己的工作环境，掌握工作环境中各种事物的分布规律，使工作条理化。其次，应经常观察旅游者的行为表现，不断积累知识和经验，努力对他们的各种状态做出快速反应，在工作实践中有意识地训练自己，不断扩大自己的注意范围。

3. 提高注意分配能力

注意分配能力是指同时进行两种或多种活动的能力。如学生边听课边做笔记；汽车司机开车时，既要注意来往行人、车辆的情况，又要注意操作方向盘和监视各种仪表；餐厅服务员上菜时，既要注意手中托盘和盘中的菜，又要注意在座的和来往的旅游者，还要注意自己的仪态和脚步，这就必须合理地分配注意力。

注意的合理分配是有条件的。首先，同时进行的两种或几种活动中，至少有一种活动是已经熟练了的，达到自动化或部分自动化，生疏的活动只能有一种，否则会顾此失彼。如餐厅服务员的托盘技术必须十分熟练，才能同时分配注意到周围走动的旅游者动态，避免出现工作差错。其次，同时进行的活动必须有一定的联系，形成一个系统。如果同时进行的活动是毫不相关的，或者是互相排斥的，那么注意便难以分配。如饭店总机服务员可以边回答提问，边帮助旅游者接通线路，因为这两种活动是有联系的。

二、记忆力的培养

良好的记忆力有利于人们掌握知识与技能，取得学习和工作的成功。旅游服务人员要做好自己的工作，除了应具备广博的知识之外，还要记住许多东西。例如，餐厅服务员要记住菜名和各种菜的特点，客房服务员要记住旅游者的容貌和要求，导游人员要记住景点名胜、历史典故等。所以，研究记忆的规律，培养良好的记忆力，对旅游服务人员来说是很重要的。

1. 记忆规律

记忆分为瞬时记忆、短时记忆和长时记忆，三种记忆系统缺一不可。例如，小张问人要了小李的电话号码并正确拨打了该号码，这是瞬时记忆产生的作用。过后，小张可能会忘记小李的电话号码，再也记不起来。如果小李的电话号码比较特别，诸如尾数是888或是5678等，容易引起小张的注意，他会想，小李的电话号码还真好记噢，这样，小李的电话号码就进入了小张的短时记忆系统。第二天，恰巧有人向小张询问小李的电话号码，小张说："我昨天刚给他打过电话，特别好记，是×××××××5678"。这说明，小李的电话号码已经进入小张的长时记忆系统。

2. 遗忘规律

与记忆相反的是遗忘。德国心理学家艾宾浩斯对记忆作了系统的研究，总结出遗忘的三条规律：大多数遗忘出现在学习后1小时之内；遗忘的速度不是恒定的，而是先快后慢，最后逐渐稳定下来；重新学习要比第一次学习容易。

3. 提高记忆力的方法

（1）明确任务，树立信心，多下功夫

是否有明确的目的，对记忆效果影响很大。我们每天都要走过自己家门前的台阶，却不一定能记住它有多少级，那是因为没有明确的记忆任务。不少人对自己的记忆能力没有信心，而对没有信心的事，当然也就不会尽力去做。反复是记忆的重要方法，由艾宾浩斯遗忘曲线可知，及时复习可以使瞬时记忆变为短时记忆，短时记忆变为长时记忆，记忆的能力就能很好地发挥。

（2）加深理解，延伸知识，培养兴趣

加深理解就是对记忆材料反复加工，形成理解记忆。理解时，将要记的材料分析归类，掌握其内在的联系，可编成提纲、制成表格使之系统化。善于把新知识纳入已有知识体系中，使短时记忆转化成为长时记忆，便于对记忆材料的保持和提取。记忆时，努力培养对所记事物的兴趣，也能加深记忆，防止遗忘。

（3）感官并用，善于联想，尝试回忆

记忆时充分利用各种感官，手、眼、耳、口并用，看、读、听、写同时进行，可以提高记忆效果。通过奇特的联想，用换字、谐音等方法为本来没有意义的记忆材料赋予意义，人为地为各种记忆材料建立联系，也有助于记忆。对较长材料的记忆，可先记住部分容易记忆的内容，然后尝试不看原文回忆材料中的内容，回忆不起来时再继续识记，这种记忆方法就是尝试回忆法。尝试回忆法可以使大脑处于积极的活跃状态，有意识地把力量集中在识记那些难记的内容上，从而提高记忆的效果。

知识链接

记忆的黄金时间

心理学家的一些研究结果表明，一天之中有四段高效的记忆时间。第一段是清晨起床后1小时左右，在这段时间进行记忆，可以防止前摄抑制的干扰。第二段是早上八点至十点左右，在这段时间里人的精力上升，处于旺盛期，记忆的效果比较好、容量也比较大。第三段是晚上六点至八点左右，这段时间也是人精神状态比较好的一段时间，英国剑桥大学的戴维等三位教授研究认为，这段时间为“一天记忆的最佳时间”。第四段时间是晚上临睡前的1个小时左右，这段时间可以防止后摄抑制的干扰。美国的两位心理学家曾做过一个实验，让两个人记忆十个无意义的音节后，其中一人可以睡觉，另一人则安排一些活动给他，使他不能睡觉。几个小时后，心理学家检查这两个参加实验者的记忆情况，发现可以直接睡觉的那位实验者的记忆效果要好一些。由于个人的实际情况不同，记忆的黄金时间也不会完全一样，要根据自己的特点和生活规律找出自己的最佳记忆时间。

三、思维力的培养

旅游工作者经常面临复杂的情况，想要深刻地认识和把握周围的事物，必须运用思维能力，使自己在工作中处于主动地位。

思维能力是智力的核心，它表现大脑的聪慧程度。思维能力越强，认识把握事物的能力就越强。旅游工作者要想在工作中做出成绩，就必须培养自己的思维能力。

1. 培养发现问题的能力

发现问题是分析问题的基础。工作中要善于及时发现各种已经出现的或即将出现的问题，使小问题能及早解决，避免造成重大影响。要善于发现问题，就要求旅游从业人员做到：首先对旅游服务工作有积极的态度，否则，一些很明显的问题也可能察觉不到。其次是努力学习，在实践中积累旅游服务和接待的经验，能够从细微处洞察潜在的问题。引导案例中小张即欠缺这方面的能力，在他看来，旅游者之间就“今晚不能游湖赏月”问题发生的议论仅仅是一种无足轻重的现象，旅游者表现出失望的感受也是“正常”的，如此一来，他听到的议论也就成了没有意义、没有价值的信号，结果导致了矛盾的扩大。

2. 培养分析综合的能力

分析和综合是思维过程不可分割的两个方面。没有分析，对事物的认识就是空洞的；没有综合，认识就局限于枝节，不能从总体上把握事物。养成分析和综合的习惯，学会将事物的方方面面联系起来思考，是提高思维能力的基本途径。引导案例中小张的不足，首先是在“骚动”酝酿阶段没有正确分析旅游者的反应，其次是缺乏对事件发展的综合掌控能力。交通事故耽误的 1 个半小时引起了旅游者的情绪波动，旅游者议论中传递的失真“旅游信息”夹杂着失望和不满的“情绪信息”，这些都没有得到及时安抚和化解。于是小张错过了阻止“骚动”发生的最佳时机。

3. 培养解决问题的能力

思维是实践的产物，只有在实践中不断运用思维解决问题，思维能力才能得到锻炼和提高。运用思维解决实践中的问题，一般要经过发现问题、分析问题、最后是解决问题的过程，即提出解决问题的原则，寻找解决问题的途径和方法。在这个已经爆发“骚动”的团队中，小张是用什么办法挽救局面的呢？首先，他当着旅游者的面，立即联系地接社，并向旅行社汇报了情况，提出解决问题的原则是“一定要让旅游者游湖赏月”。旅游者看到小张以积极的态度对待此事，需要宣泄的情绪得到暂时缓和。接着小张建议旅游者回房间休息一下，巧妙地对旅游者进行疏散，切断了旅游者之间不良情绪的相互感染。得到地接社的补偿方案，由原计划的“游湖赏月”改为“烧烤、赏月、划竹排”后，小张和地陪人员一起，逐个房间做说服工作，补偿方案最终被旅游者接受。

借助于思维，人的认识能够从个别中看到一般，从现象中看到本质，从偶然中洞察必然，从现在推测过去、预见将来。

四、意志力的培养

意志是人们自觉地确定目的，并根据目的来调节、支配自己的行动，克服各种困难，实现预定目的的心理过程。它是人的主观能动性的充分体现。

良好的意志品质集中表现在自觉性、果断性、自制性和坚韧性四个方面。

1. 自觉性

自觉性是指一个人在行动中具有明确的目的性，认识到行动的社会意义，自觉地调节自己行动的品质。

意志的自觉性是以坚定的信念和科学的世界观为基础的。具有自觉性的人既不轻易接受外界影响，也不拒绝有益的意见。这种人坚信自己的目的是正确的，在行动中能积极地投入自己的热情和力量，充分发挥意识的能动作用，千方百计地去克服困难，坚决执行决定，以达到目的。

与自觉性相反的品质是独断性。有独断性的人，似乎能独立地做出决定并执行决定。但是，他们不考虑自己采取的决定是否合理，常常毫无理由地拒绝考虑别人的任何建议或劝告，固执己见，一意孤行，结果难免要碰壁。

2. 果断性

果断性是指一个人善于明辨是非，适时而合理地做出决定并执行决定的品质。

具有果断性的人能全面又深刻地考虑行动的目的和方法，懂得所做决定的重要性，清醒地了解可能的结果。因此，在动机发生冲突时能当机立断；在行动时，敢作敢为，及时行动，毫不动摇；在不需要立即行动或情况发生变化时，又能立即停止已经做出的决定。这种品质以正确认识为前提，以深思熟虑和大胆勇敢为特征，并且与思维的敏捷和灵活性紧密联系。

优柔寡断和草率决定是缺乏果断性的表现。优柔寡断的人总是患得患失，顾虑重重，“前怕狼，后怕虎”。这种人的主要特征是思想、情感分散，没有力量克服困难，不能把思想、情感引上明确的轨道。在做出决定时，不能坚决执行，常常要重新考虑已经做出的决定。草率决定的人主要是不考虑主观和客观的条件，也不考虑行动的后果，仓促地做出决定，冒险行事，结果往往是以妄动开始，以后悔告终。

3. 自制性

自制性（自制力）是指一个人善于控制自己的感情，约束自己言行的品质。

自制力强的人，一方面善于控制自己去执行所做出的决定，自觉地调节自己的言行；另一方面又善于控制自己的情绪冲动，表现出应有的忍耐性。

任性和怯懦是缺乏自制性的表现，任性的人不能约束自己，言语伤人、行为放纵；怯懦的人胆小怕事，一遇困难就惊慌失措，畏缩不前。

4. 坚韧性

坚韧性是指一个人在执行决定时，能以充沛的精力和顽强的毅力，百折不挠地克服重重困难，坚持到底的品质。

坚韧性和个人的毅力是人们持续工作，完成艰巨任务的前提。经得起长期的磨炼被认为是意志坚韧性的基本特征之一。

顽固、执拗与坚韧性不同。顽固、执拗的人对自己的行动缺乏正确估计，肆意妄为，一意孤行，明知有错，还是固执己见。此外，虎头蛇尾、见异思迁等也是与坚韧性相反的品质。

旅游工作者的意志是否坚强，对能否提高服务水平的影响极大。旅游工作者每天都要接待众多的旅游者，会碰到各种各样的困难，有客观的困难，也有人为的困难。这就需要旅游工作者耐心、细致、果断地处理各种复杂问题。有时，旅游工作者会处在非常疲劳或心情不好的境地，这就需要其有较强的自制力，控制好自己的情绪，冷静地分析和处理问题。

知识链接

心理学家曾用七种不同的颜色来代表七种不同的情绪状态，排成“情绪谱”如下：

“红色”情绪——非常兴奋；

“橙色”情绪——快乐；

“黄色”情绪——明快、愉快；

“绿色”情绪——安静、沉着；

“蓝色”情绪——忧郁、悲伤；

“紫色”情绪——焦虑、不满；

“黑色”情绪——沮丧、颓废。

一般来说，旅游服务人员在工作岗位上，应该以“情绪谱”上的“黄色”情绪作为自己情绪状态的基调。这样就能给旅游者一个精神饱满、工作熟练、态度和善的良好印象。在需要旅游者看到你非常高兴的时候，从“黄色”变为“橙色”；在遇到问题和麻烦的时候，则应使自己处于“绿色”情绪状态，避免忙中出错，或因急躁而冲撞旅游者。

“蓝色”“紫色”“黑色”显然都是在工作和生活中应尽量避免的消极情绪状态；而“红色”情绪容易使人失去控制，也是在工作中不应有的情绪状态。

课堂讨论

- 旅游服务人员应该如何在日常生活和工作中保持良好的心理状态？

第三节　旅游服务人员的心理保健

引导案例

小高是某旅行社的部门经理。一天早晨，他7点才醒来，发现已经睡过头了，比平常晚起床45分钟！他惊慌地意识到他要第二次迟到了！为了尽快出发，他加快速度，结果刮胡子时脸被刮破了，早餐时舌头被牛奶烫了，脑子还不是闪现总经理不满的表情。在路上，由于不能变换车道，他只能跟在一辆行驶慢的汽车后面。他一边不断地按喇叭，一边小声咒骂着前面的司机。

一进办公室，他就发现秘书还没有将他昨天口述的任务打印出来，且不见秘书的踪影。小高的上司听到这件事，向他解释说，他的秘书正在为自己处理一件紧急工作，并因迟到的事批评了高经理。听完批评，小高回到办公室"砰"地把水杯扔在桌上，结果水溅到桌上放着的一些重要文件上，这更让小高懊恼不已。在后来的中层干部会议上，他一直在想着心事，以至于没有发现一个问题是针对他提的，结果总经理暗示如果小高集中注意力的话，他应该对公司的业务有更好的想法。大家一起盯着他，让他窘迫不安。

下班时，又碰上一些事急需处理，导致他晚回家1小时。又累又紧张，再加上情绪急躁，他对孩子发了脾气，又惹恼了妻子，两人争吵起来。整个晚上小高躺在沙发上，盯着天花板直到第二天凌晨。结果他又睡过了头，依旧是急躁不堪。

思考：小高紧张的原因有哪些，哪一个是最主要的？小高应该采取哪些行动去更好地处理他所遇到的困难？

点评：上述案例中，小高因为睡过头而导致后面发生的一连串不顺心事，很多事情如果是平常状态可能并不是这么糟糕，但在小高紧张、精神紧绷的状态下显得特别的糟糕。也就是说，在一个人紧张不安又没有得到及时化解的情况下，事情会得到放大而产生不良的影响甚至产生挫折心理。因此，作为旅游从业人员，应掌握应对压力、预防挫折、调整异常心理的方法。

一、应对压力

1. 压力来源

（1）环境因素

环境的不确定性会影响组织中员工的压力水平。如经济周期的变化使经济具有不稳定性，经济下滑时，经常出现失业人口增加、薪水下调、福利减少等现象，在此情况下，人们会为自己的经济保障而担心，从而感到无形的压力。

（2）组织因素

组织内有许多因素能引起人们的压力感，包括工作要求、角色要求、人际关系、组织结构、组织生命周期等。如时间紧、任务重会让员工感到很大的压力，工作环境的温度过热或过冷、噪声过高、照明不足、空气污染、辐射强、场所拥挤、相互干扰等也会使员工感到压力。与领导、同事、下属建立个体之间良好关系有利于个人目标的实现，如果不能处理好这些关系，就会导致压力产生。

（3）个体因素

在同样的环境与组织中，不同个体感受到的压力水平是不同的，这与个体的差异有关，主要包括：

1）认知水平。员工对压力的反应是基于他们对情境的认知，而不是基于情境本身。例如，在同样的工作情境中，有的员工认为它富有挑战性，能使自己提高工作效率；有的员工则认为它危险性太大，要求太高。这也说明，当员工感受他们能够控制自己的工作活动，而不是被动应付时，压力明显降低。

2）态度。如果员工在生活中总是抱有积极向上的态度，那么在他遇到困难和压力时，就会想尽办法去解决问题，处理各种压力。对所从事的工作内容感兴趣，也就不会感到有很大的压力。

3）工作经验。如果个体变换工作，来到一个新的情境中，面对情境的全新性和不确定性，他会产生压力感，但过一段时间，有了一定经验后，这种压力就会消失或大大降低。

4）社会支持。与同事、领导的关系融洽，可以减轻由于工作高度紧张所带来的压力；如果员工在组织中得不到支持，那么他可以更多地参与家庭生活、朋友交往，从而得到家人和朋友的支持，也可以减轻工作压力。

知识链接

心理学家格拉斯通提出了会给人们带来明显压力感受的9种类型的生活变化：

1. 就任新职、就读新的学校、搬迁新居等。
2. 恋爱或失恋，结婚或离婚等。
3. 生病或身体不适等。
4. 怀孕生子，初为人父、母。
5. 更换工作或失业。
6. 进入青春期。

7. 进入更年期。

8. 亲友死亡。

9. 步入老年。

此外，家庭、工作与环境状况之间的关系、所从事工作的性质等，也是造成心理压力的情境。

2. 压力的后果

（1）生理反应

压力感出现初期，容易使人先产生生理反应，主要表现在人们的新陈代谢出现紊乱，心率加快，血压升高，头痛，易发心脏病等。如果这些反应成为持续性的病理性改变时，则成为生理疾病。如原发性高血压、冠心病、消化系统病等。

（2）心理反应

压力感的心理反应主要表现为不满意、紧张、焦虑、易怒、情绪低落等。不满意感是压力感最简单、最明显的表现。心理研究表明，当工作对人的要求很多，而且又相互冲突，或员工的工作责任、权限及内容不明确时，员工的压力感与不满意感将增加。焦虑者一般表现为担心、害怕、无法控制和摆脱忧虑、心烦意乱等。

对于短期、平常的压力，一般人可以及时调整心态，解决问题，使心理反应减轻或消失。而长期、过重的压力则能够转变为精神衰竭，危害身心健康，影响正常的生活与工作。

（3）行为反应

对压力的行为反应是指受到压力的个人在克服压力的意图方面进行的公开活动，包括问题解决、退缩和运用添加物。问题解决是对压力最典型的反应，问题解决是注重现实的，以消除压力因素或减少它的影响为目标，而不是以短期内使个人感觉稍好为目的。如果不能有效消除压力因素，则会表现出灵活性和及时运用反馈。因此，一种尝试性的问题解决方案不能生效，人们就会试验另一种方法。一般来说，问题解决不仅对员工个人有利，对于企业组织来说，也是有利的。退缩，即避开压力因素也是对压力的最基本反应之一。在企业组织中，这种反应往往表现为缺勤和离职的方式。缺勤者仅仅试图短时间内减轻压力，当他返回工作岗位时，压力仍然存在。辞职者为了避开压力，另外谋求一份压力相对比较小的工作，实际上是一种问题解决的反应。运用添加物是指借助外在的事物来暂时转移注意力，最常见的表现是吸烟、喝酒和服药，这是在压力之下做出的最不令人满意的行为反应。这些活动不能从根本上消除压力，还严重影响员工的体力和智力，使他们更难以完成自己的工作。

3. 压力管理方法

压力不仅危害员工个人的身心健康、削弱工作能力，而且还会降低旅游工作者的工作绩效，影响旅游企业目标的实现。因此，不论是旅游服务员工个人还是企业本身都应采取积极措施消除或控制压力的消极影响。

（1）个体应对压力方法

1）加强时间管理。很多人不善于管理自己的时间，总感到时间不够用，导致一定的压力感出现。如果他们能够合理安排时间，那么他们就能完成在既定时间内应完成的任务。因此，学会运用时间管理的原则可以帮助人们更好地应对工作所带来的压力。

2）增加体育锻炼。虽然压力是一种心理感受，但人对同样压力的承受程度是因人而异的，和身体素质也有关系。旅游业是一个劳动密集型行业，劳动强度大，工作时间长，不少岗位还是三班倒，对人的生物钟也会产生影响。积极参加户外活动，培养自己热爱体育运动的习惯，积极参与健身，注意营养补给，能够使体魄强健，从而训练自己具有较强的抗压能力。香港首富李嘉诚的生意很忙碌，但是他无论晚上多晚睡觉，第二天早上必定在5：59起床，洗漱后坚持打一个半小时的高尔夫球，这个习惯无论什么时候都不会改变也不会被打扰，他认为健康的体魄才能让他在生意的决策上头脑更清晰。

3）进行放松活动。通过各种放松策略，如自我调节、催眠、听音乐、看漫画、玩游戏等方法，可以减轻紧张感。进行放松活动的目的是达到深呼吸状态，使人感到平和，同时，心跳、血压及其他生理状况也会有所改善。

4）扩大社会交际。扩大社会交际主要是要进行有效的沟通，有效的沟通是避免压力的方法，也是舒缓压力的有效途径。掌握良好的沟通方法，养成良好的沟通习惯，对舒缓压力很重要。

沟通是人们进行思想交流，取得彼此了解、信任，建立良好人际关系的一种活动，是达到目标、满足需要、实现抱负的重要手段之一。学会聆听、善于表达、兴趣广泛、与人为善、真诚就是沟通的五个法则。寻找恰当的沟通时机一般应注意两种情况：选择聆听者心情比较平和时去反映情况或提出批评建议；和领导沟通，尤其要给上司提意见，更要注意场合和时机，以便上司能领会你的用意，并且不会产生反感。另外，沟通要把握分寸，要用委婉的语言。微笑是沟通的通行证，幽默和赞美是沟通的润滑剂，沟通要抓住最佳时机。

5）保持乐观向上的态度。面对困难和压力，要保持乐观的态度，放宽心，坚定信心，才能克服压力与困难。

知识链接

降低对压力的容忍度

学者理查德认为，在现代社会，人们习惯了承受沉重压力。但是在情绪环境中有一条不可违背的法则：我们目前的压力程度，恰好是我们对压力的容忍度。

通常唤醒一个压力过重的人看见自己的疯狂，都需要出现某种危机，例如配偶的去世，出现严重的疾病，生活出现重大变故等，我们才开始寻找新的对策。

他认为，我们应该做的是在压力失控前开始注意我们的压力。当我们的心灵跑得太快时，就该退一步重新调整。当我们的日程安排失去控制，就应该放慢脚步。重新评估哪些事情比较重要，才放上日程。当我们觉得事态失控，并且开始厌恶我们必须完成的一切时，较好的策略是：放松——深呼吸几次——散步。然后会发现，当我们在失控前感到压力过大时，压力就像雪球一样滚下山了。在雪球还小的时候是比较容易管理和控制的。不过，如果它得到动力，就比较难制止了。我们无须担忧事情做不完，当我们的心态平和镇定，压力程度减轻，效率就会提高。当我们降低对压力的容忍度后，我们会发现要处理的压力变少了，我们会有更多的精力和兴趣去处理剩下的那些压力。

6）正确进行自我评价。通过正确进行自我评价，员工个人可以客观地分析、解决工作中的各种问题，减轻压力感。

（2）旅游企业应对压力方法

导致压力感的组织因素，如工作要求、人际关系、组织结构等，是由管理人员控制的。因此，通过对他们进行调整和改变，可以某种程度上减轻员工的压力感。

1）调整组织内部关系，具体有以下几个方面：

①加强组织招聘与工作安排，使员工的能力与工作相匹配。

②改善员工的工作条件。

③重新设计工作，给员工带来更多的责任，更有意义的工作。

④组织结构重组，以明确责权利。

⑤加强团队建设，创造良好的工作氛围。

⑥开展心理保健工作，帮助员工缓解压力。

⑦组织相关活动，融洽组织人际关系。

2）明确组织中的角色

①提高员工参与决策的水平，以增加员工的控制感。

②加强与员工的正式组织沟通，解决不同工作角色之间的冲突。

二、预防挫折

1．挫折的内涵

挫折是指个体在从事有目的的活动时遇到障碍或干扰，使其需要和动机不能获得满足的情绪状态。

人的需要引发动机的产生，动机一旦产生便引导人们采取行动指向目标。在追求目标过程中，由于受到社会文化、经济状况或当时的情境等条件的制约，人的行为并不是在任何时候都能实现目标的。当人的行为受到阻碍，达不到目标时，就容易产生挫败感，这就是挫折。挫折对人有利有弊，如果挫折大，可能使人们产生情绪波动和行为偏差，甚至引起种种疾病。从事饭店服务业的员工还会因为挫折而容易与旅游者发生矛盾，直接影响服务质量。当然，挫折并非完全无益，如果人们能够从挫折中吸取教训，以正确的态度和方法对待往后的困难，那么挫折本身反而能够增强和提高人们的心理承受力和解决问题的能力。

2．挫折产生的原因

（1）客观环境因素

客观环境因素是指阻碍人们达到目标的外界条件。它可分为自然环境、社会环境和管理因素三个方面。

1）自然环境的影响。自然环境因素的影响包括各种非人为力量所造成的时空限制、自然灾害和各种事故，以及人的生老病死等。

2）社会环境的影响。社会环境因素的影响包括个人在社会生活实践中所遇到的政治、经济、法律、道德、宗教、风俗习惯等方面的障碍。如因为社会经济不景气，有的服务人员被饭店裁员而下岗。

3）管理因素的影响。管理因素的影响是指由于组织管理的原因使个体目标实现受到影响，具体可以表现为组织管理方式、组织内的人际关系、工作性质 、工作环境 、管理机制等。

（2）个体主观原因

导致挫折产生的个体主观因素，即内在原因，可以从个体生理因素与心理因素两方面来分析。

1）个体生理因素。它是指由个体具有的智力、容貌、身材以及健康状况或生理缺陷所带来的限制而导致的挫折。例如，身材矮小的人想成为优秀的篮球运动员会受到限制等。

2）个体心理因素。引发挫折的心理因素更为复杂，可能由于自我评价过低，导致自不量力或畏缩不前，造成挫折；可能由于自我评价过高，在很多事情上总是感到不满意；也可能由于某些需要或动机的冲突，使自己产生难以抉择的矛盾心理状态。例如，当一个人面临多种工作选择，一种有利于增长见识但收入低微，另一种收入好但不利于将来的发展，这时就容易形成“进退两难”的心理冲突，进而产生挫折感 。

3．战胜挫折的方法

（1）正确看待挫折

要战胜挫折，就必须要对挫折有一个合理的认知，应该以平常的心态对待挫折的出现。首先，应该承认挫折是人成长道路上必需的经历，它的出现是难以避免的。其次，应该认知遇到挫折不是件坏事，由于挫折带给人的心理感受大多是一些消极的体验，使人产生极大的痛苦，因此人们都认为挫折是一件坏事，都渴望能够避免挫折。但辩证地看，挫折固然会使人产生种种不愉快的体验，但也可以增强人对情绪的自控力，在战胜挫折的过程中锻炼顽强的毅力，培养自己坚忍不拔的良好品质，从而激励人的成长。

因此，当我们遇到挫折时，不要怨天尤人，更不能逃避，要积极地面对，把它看作是人生一次美好的体验。

（2）及时调整自己的目标，学会放弃

挫折感往往是因为目标定得太高、期望值太大造成的，目标过高而难以达到，心理就会产生强烈的挫折感。因此，个体应该从主客观条件出发，制定符合自己实际的目标；必要时将目标降低一点，增加成功的机会。对于某些尽了最大的努力仍无法实现的目标，必须学会毅然放弃。学会放弃并不是一件容易的事，因为我们一直被告诫做事要坚持，放弃好像意味着退却和认输，总觉得不太光彩。实际上，人生的历程就是不断选择和放弃的过程，选择一些目标，就必须放弃某些目标，有所舍弃才能够有所成就。所以，当你发现某个目标实现的概率太小时，就应该果断地放弃。

（3）采用合理的自我调节方式

有了不良情绪，可以通过一些合理的途径来宣泄，从而恢复心理上的平衡。例如找朋友倾诉、运动调节、听听音乐、外出旅游、自我宣泄等，都可以在一定程度上起到自我松弛的作用。

（4）培养和完善健全的人格

人总是按照自己已有的人格来观察外界事物、思考问题，产生相应的态度和情绪体验；同时对外界环境刺激采取一定的应付策略，并做出一定的行为反应。具备了健全的人格，有助于人们正确地评价客观事物，采取恰当的态度，做出正确合理的行为反应；有助于人们顺利地进行社会交往和人际关系的正确处理，更有助于人们有效地去适应不断变化的社会生活环境，提高心理健康水平。

知识链接

挫折后的自我调节方法

在遭受挫折之后，寻找专业心理人员咨询辅导是一种快速有效的方法。此外，还可以发挥自身的潜能来面对挫折。具体来说，可以采取以下步骤来进行自我调节：

第一步，正确认识挫折，客观分析挫折产生的原因。

第二步，运用合理的心理防卫机制（如合理化作用、幽默、转移等）减轻心理压力和伤害。

第三步，调整自我的抱负水平和目标。

第四步，改善挫折情境（如暂时离开挫折情境、避免消极的自我断言、与亲朋好友交流沟通等）。

第五步，进行自我鼓励，积极寻找和尝试解决问题的途径。

三、心理异常的调节

每个人都有可能遇到心理问题，有心理问题并不可怕，可怕的是不敢去面对问题，不能把问题解决于萌芽状态，使症状拖延、加重，甚至恶化。心理疾病的防与治关键在于自己，当坏情绪刚刚冒头时，就要立刻消灭它，千万不要让它堆积起来。因此，具有心理健康意识，掌握一定的心理保健常识，能够识别心理异常现象，把握心理障碍的求助信号，发挥心理自助功能，及时化解负面情绪，对于旅游从业人员保持身心健康具有十分重要的意义。

1. 心理异常的鉴别

世界上的事物都不是绝对的，世间也没有绝对的心理健康，极端的心理异常者也只是少数，大多数人的心理素质处于健康与异常之间。如图 5—3 所示，心理学上称灰色区域为亚健康状态。

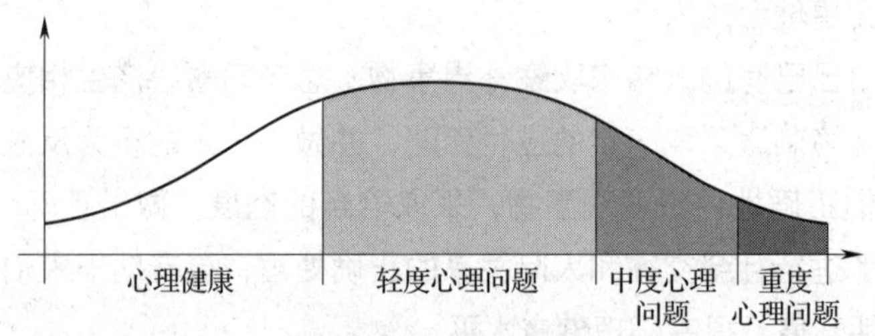

图 5—3　心理健康状态与人口数量的关系

如果将人的心理正常状态比做白色，心理不正常状态比作黑色，那么白色与黑色之间存在一个巨大的缓冲区域——灰色区域。灰色区域又可进一步划分为浅灰色区域和深灰色区域。处于浅灰色区域的人只有心理冲突、困惑而无人格障碍，其突出表现为失恋、丧亲、工作学习不顺心、人际关系不和谐等生活矛盾所带来的心理不平衡与精神压抑。处于深灰色区域的人则患有某种人格障碍和神经症等。心理健康与心理异常之间没有非常分明的界限，但根据不同健康状态的临床特点，可分为三种不同程度、层次的心理异常或心理不健康。

（1）轻度心理异常

轻度心理异常属于浅灰色区域，是一般的心理问题或轻微的心理失调，大多数人都不同程度地出现过。

1）一般特点

①有明显的原因，如工作受挫、考试焦虑、失恋等。

②遇到刺激后，情绪反应超过正常人的状态，对工作、学习、生活有一定影响。

2）主要表现

①以焦虑为主的适应障碍，表现为过度紧张、神经过敏。

②以忧郁为主的适应障碍，表现为心情低落、精力降低、活动减少。

③品行紊乱，以青少年为多见。偶尔毁物、偷窃，平时忍气吞声的人出现行为暴躁的情况。

④有明显躯体症状，如头疼、失眠、周身不适、月经失调等。

⑤行为退缩，表现为与实际年龄不相符的行为，如哭泣等。

此类人能从事正常活动，只是有些轻微的心理不健康倾向。大多数人可以通过有意识的自我调节而使之消除。缺乏心理健康意识的人，对此往往不加以重视而延误，易向心理障碍转化。

（2）中度心理异常

中度心理异常是轻度的心理疾病，属深灰色区域，主要包括各种神经症，如焦虑症、恐惧症、神经衰弱和疑病症等。据世界卫生组织统计，此类病症在世界范围内发病率为 50% ~ 80%。

1）一般特点

①有不同程度的焦虑。正常人也会出现焦虑，但焦虑有清楚的原因和对象，焦虑的程度与事件的大小相适应。而神经症的焦虑常常无明确的对象，焦虑程度过高，明显影响学习、工作和生活质量。焦虑情绪多持续三个月以上。

②有一定的人格缺陷，表现出偏离常态的行为。如过分追求完美、过分克制自己、过分认真、有不安全感的强迫症患者，情感特别丰富、高度以自我为中心、易受暗示、情感表达非常夸张的癔病患者等。

2）主要表现

①心理活动能力减弱，如注意力不集中、记忆力减弱、学习与工作受到较大影响。

②情绪失调，表现为情绪波动、烦躁、抑郁等。

③睡眠障碍，如失眠、做噩梦、早醒等。

④有明显的身体不适感，如慢性疼痛、神经性头痛，但检查不出器质性病变。

这类人主观感觉痛苦，有寻找帮助的强烈愿望。然而少数人尽管主观的痛苦体验有时可以达到十分严重的程度，但却没被察觉或得到他人理解，对身心健康的危害很大。需要进行咨询或治疗，否则会导致病情加重，甚至产生严重的后果。

（3）重度心理异常

这是严重的心理疾病，属于黑色区域。常见的有精神分裂症、狂躁抑郁症等。

1）一般特点

①缺乏自知力。发病时不能意识到自己正处于异常状态，没有求医举动。

②有认知、情感、意志障碍，如对痛苦的事做出快乐的反应。

③有明显的人格改变，如一向节俭的人突然挥金如土，而现实中又没有导致改变的事件。

2）主要表现。主要表现在认知障碍（如幻听、妄想）、情感障碍、意志及意志行动障碍等方面，已失去自制力，分不清现实与幻觉。

这类人只是少数，但在社会环境压力日益增加的情况下，有逐年增加的趋势。所以及时觉察自己心理的异常，学习自救自助，有十分重大的意义。

2. 常用的心理调节方法

心理失调是人生中经常遇到的问题，任何人，无论其年龄、性别、职业和社会经济状况如何，都免不了因为学习、就业、工作压力和生活不幸等事情及人际关系或情感纠葛，给心理留下阴影，以致出现情绪困扰、心态失衡的状态。作为旅游服务人员，要让客人感到轻松、亲切和自豪，调整好自己的情绪状态十分重要。

英国作家萨克雷说："生活就像一面镜子，你对它哭，它就对你哭；你对它笑，它也对你笑"。只有自己是命运的主人，现代人已越来越关注、呵护自己的心灵，重视培养健康的心理，学习心理自救，保持心理平衡。心理自我调节方法有：认知调整法、放松训练法、疏泄调节法、转移调节法、系统脱敏法、补偿调节法、升华调节法、社交减压法、自我激励法等。下面具体介绍常用的四种自我调节方法。

（1）认知调整法

人的情绪是由思想决定的，理性的思想导致健康、稳定的情绪，非理性的思想导致负面、不稳定的情绪。认知调整法的重点在于分析自己的思维活动过程，改变自己不合理、不实际的思考和自我挫败行为，养成积极的生活态度。人们眼中的世界之所以有不同，是因为个人的认知和处世态度大不相同。任何事情都可以从不同的角度去看，关键是你怎样看，心态是积极的还是消极的。

某"水泥大王"年轻的时候，只身进城谋生。身无分文的他看到街头有人在卖水时，非常高兴，心想：这里真是个好地方，连水都能卖钱，看来要活下去不成问题。正是由于有这种认知态度，他自强不息，艰苦创业，终于成就了一番事业。如果他当时是另一种想法：真是个鬼地方，连水也要钱，看来要活下去很困难，那"水泥大王"的桂冠绝对不会属于他了。

（2）放松训练法

放松是指身体由紧张状态过渡到松弛状态的过程，在全神贯注于身体的紧张与松弛过程中获得内心的宁静。心理学家经过实验发现，当人体全身肌肉处于放松状态时，人的情绪较为平稳，有助于人们消除紧张、恢复体力。通过专业的放松训练，持续数分钟的完全放松，比睡 1 小时的效果还要好。肌肉放松训练的关键是练习者能分辨和感受到肌肉收缩、放松的状况。

（3）疏泄调节法

心理承受能力是有限的，当心理适应不良、矛盾冲突以及其他事件引起消极情绪时，应尽早进行调整或宣泄，使压抑的心境得到缓解和减轻。否则，长期积累会影响正常的学习与生活。常用的疏泄法有以下三种：

1）言语性疏泄。英国哲学家培根在《论友谊》中曾说道："如果你把快乐告诉一个朋友，你将得到两个快乐；而如果你把忧愁向一个朋友倾吐，你将被分掉一半忧愁"。当出现不良情绪时，可以找最能理解你的人或最值得你信任的人，如老师、好朋友、要好的同学等，尽情地倾吐心中的郁闷（这个倾听者应是没有同样心结的人，否则起不到帮助作用）。这样，一方面可以使不良情绪得到发泄，另一方面在倾诉烦恼的过程中，可获得更多的情感支持和理解，获得认识和解决问题的新思路，增强克服困难的信心。

言语性疏泄包括哭泣、聊天、谈心、自言自语、喊叫等方式。在实践中应用时，要切记疏泄不是目的，疏泄过后还应通过正确的认知进行调整。

2）书写性疏泄。书写性疏泄是通过写永远不会发出的信、不会给人看的文章和写日记等方式，将内心的情绪宣泄出来。其好处是可以把那些因各种原因而不能直接对人表露的消极情绪排解出去。为了避免引起不必要的纠缠和麻烦，最好在消极情绪消除后将书写的东西焚毁。

3）运动性疏泄。运动性疏泄是通过打球、捶击枕头、撕碎废纸、逛街、舞蹈、摇滚等方式，将消极情绪疏泄出来。这种以物出气的方法，比较适合易发怒的人，但也要进行自我控制，不能伤害别人或造成破坏。

（4）转移调节法

转移调节法又称移情法，是指个体为减轻、消除不良心境所采取的转移行为，其目的是通过转移注意力达到心态平衡。

1）消遣转移法。消遣转移法有散步、聊天等方法。散步是一种平心静气、悠然自得的活动，是一个散心的过程，也是重新认识自我、重新认识引起负面情绪相关事件的过程，让负面情绪冷静下来的过程。户外的新鲜空气可以使紧张的大脑皮层得到放松，不良心境也较易排解。聊天时，最好找没有利害关系、善于倾听、正直理智的师长或朋友，因为他们知晓你的秉性、了解你的为人，能设身处地帮助你、指导你、批评你，而你也能从中认识到自己的不足与过失，解除心中的困惑，摆脱缠绕心际的委屈、不安和痛苦。此外，下棋、垂钓、跳舞、放风筝、绘画、书法、鉴赏、吹奏等修身养性的活动，也能使人精神集中、平心静气、忘却自我而怡然自得，在紧张之后，让人得到一种适度的松弛，在一张一弛之中转移紧张与焦虑。

2）繁忙转移法。繁忙转移法是指在个体情绪不佳时，有意安排一些工作任务，使其注意力集中在该项工作中而忘却烦恼，或因为顾及工作而无暇忧虑不快的事情。安排工作时，一般要分配工作量偏大、不太精细、危险性极小的任务，如干家务等，避免注意力难以集中而造成不应有的损失。

知识链接

自我实现的人＝心理健康的人

马斯洛认为，自我实现者即心理健康者。马斯洛对自我实现者的调查是从对两位导师韦特海默和本尼克特的崇敬开始的。他发现这两位老师身上有很多共同的特征，这使他很兴奋，决心开始寻找具有同样特征的人。他调查的对象既有身边的成功人士，也有历史名人，如贝多芬、歌德、爱因斯坦、罗斯福等。通过分析研究，马斯洛概括出自我实现者的特征是：对现实有良好的认识；悦纳自己，对他人、对大自然表现出最大的认可；单纯而自然；就事论事，不以自我为中心；有独处的需要，能享受孤独；不受环境和他人意见的束缚；欣赏生活中的一切；有过神秘的高峰体验；关心社会；有良好的人际关系；富有哲理和幽默感；富有创造性。

当然，马斯洛也认为，自我实现者并不是十全十美的，他们身上也有一些消极特征，例如，好挥霍、轻率，甚至刚愎自用、虚荣和偏袒亲人等。有时他们会表现出令人吃惊的铁石心肠：当他们对朋友感到绝望时，会毫不留情地与之断交；他们中很多人能迅速摆脱亲人亡故的悲哀等。

课堂思考与训练活动

● 设想一下：作为旅游服务人员，工作中给你最大的压力有哪些？找出适合自己减轻或消除压力最有效的方法有哪些？

● 放松训练

目的：通过肢体、肌肉的放松达到心理放松。

操作：选择舒适的姿势让自己倚靠或平躺下来，按照眼、口、脸、颈、肩、手臂、手指、腹腔、臀、大腿、小腿、脚趾的顺序逐一进行紧张—放松—紧张—放松的交替练习，紧张状态每次要持续 8 秒，放松时细心体会松弛的舒适感。

思考与练习

1. 自我认识的方法有哪些？自我控制的方法又有哪些？
2. 良好的意志品质集中体现在哪些方面？
3. 在旅游服务工作中，当遇到旅游者情绪激动时，应如何处理？
4. 旅游服务人员的压力主要源于哪里？
5. 如何战胜工作中带来的挫折感？
6. 旅游从业人员应如何在日常工作中调控自身的不良情绪？